WALT DISNEY

Le véritable et authentique

MANUEL DES CASTORS JUNIORS

hachette

INTRODUCTION

Salut à tous, Castors Juniors ! Ce Manuel que vous avez entre les mains constitue un véritable trésor. C'est grâce à lui que les neveux de Donald, Loulou, Fifi et Riri se tirent à leur avantage des pires situations et mettent si souvent en défaut les connaissances de leur entourage. Désormais, vous allez faire comme eux et devenir des Castors Juniors accomplis. La fière devise des Castors Juniors : « Réponse à tout... ou presque », va devenir la vôtre et, comme vous n'êtes pas égoïstes, vous en ferez profiter vos camarades. Hugh !

Castor Senior

CASTOR TOTEM

Fabriquer un totem ? Rien n'est plus simple. Il suffit pour cela d'un vieux tronc d'arbre ou d'un gros piquet. Procurez-vous aussi des morceaux de tissus de couleurs différentes, une branche de sapin ou de feuillage vert et quelques feuilles de papier coloré.

Commencez par le masque. Dessinez-le sur une feuille de carton souple. Respectez les mesures et proportions de l'illustration (chaque carré doit avoir 10 cm de côté). Puis collez vos papiers colorés sur les emplacements délimités et percez, de chaque côté, de petits trous pour y passer un fil de nylon. Habillez le tronc d'arbre ou le piquet, en partant du haut. Liez la branche de sapin, ou de feuillage, à l'aide de tissus de différentes couleurs. Enfin, fixez le masque a dessous duquel vous attacherez deux branches entrecroisées. Hugh !

LA GRILLE SECRÈTE

Les histoires d'espionnage vous passionnent sûrement. Voulez-vous envoyer, vous aussi, des messages secrets ? Le message codé vous en offre la possibilité. Voici comment. Ouvrez un livre - le *Manuel des Castors Juniors* par exemple - après vous être assuré que votre correspondant possède le même. Prenez une page au hasard (disons la page 66), et prévenez-en votre ami. Procurez-vous une feuille de papier assez épais que vous découpez aux dimensions de la page choisie. Taillez dans cette feuille autant de petites fenêtres correspondant chacune à un mot déterminé ou bien à une succession de caractères, de façon que l'ensemble compose des phrases ayant un sens précis... Ce sera le message que vous voulez faire parvenir à votre correspondant. Pliez votre « grille » et adressez- la à votre ami : il lui suffira de l'appliquer sur la page prévue pour lire votre message.

DIPLOMATIE SCOLAIRE

Comment présenter à vos parents un carnet de notes-comportant un zéro de trop en maths ? Voici différentes méthodes qui sont d'efficacité variable.

1. *La méthode désarmante.* Elle consiste à joindre au carnet un petit mot ainsi tourné : « Chers parents... Vous savez bien que les maths ne sont pas

mon fort. Aujourd'hui, je me sens aussi désemparé qu'un poussin dans la nuit. Mais si vous m'aidez, je suis sûr de pouvoir faire mieux le mois prochain. »

2. *La méthode confidentielle.* Immédiatement après dîner, présentez le fameux carnet à votre papa en ajoutant aussitôt : « Maman ne l'a pas encore vu. Je ne sais que faire pour lui rendre moins pénible le choc de ce zéro en maths. Oui, zéro. Regarde : ici. D'accord, papa. Tu me gronderas ensuite. Pour l'instant, comment annoncer ça à maman ? »

3. *La méthode choc*. Ouvrez d'une main ferme la porte de la salle à manger où toute la famille est rassemblée et dites haut et fort : « Voici mon carnet. J'ai ramassé 4 zéros ! » Cela provoquera un froid pendant quelques secondes. Une fois la surprise passée, ajoutez aussitôt d'un ton sérieux : « Bien sûr, ce n'est pas vrai. Je n'ai eu que deux zéros. Mais alors, de vrais zéros. Excusez-moi, je n'ai pas envie de dessert. » Et maintenant, bonne chance, mais le mieux, c'est encore d'avoir de bonnes notes !

UN SAC DE NŒUDS

Connaissez-vous Gordias, l'homme du nœud gordien ? Voici, en quelques mots, son histoire. Gordias était un paysan devenu roi de Phrygie, en Asie Mineure. Il avait inventé pour lier le joug de ses bœufs un nœud fait de façon tellement mystérieuse que personne ne pouvait découvrir où commençait et où finissait la corde ni, par conséquent, la dénouer. Les choses en restèrent là jusqu'à l'arrivée du roi de Macédoine, Alexandre le Grand, très en forme ce jour-là. On lui demanda de défaire le nœud. Alexandre examina le problème sous tous les angles et trouva SA solution : il trancha net le nœud d'un coup d'épée bien appliqué. Depuis, on n'a plus cessé d'en parler ! Mais si dénouer un nœud est une chose, faire un nœud en est une autre. D'illustres inconnus ont essayé de décrire des nœuds avec toutes sortes d'explications très... embrouillées. Nous préférons vous en montrer quelques-uns : ce sera plus simple et plus convaincant !

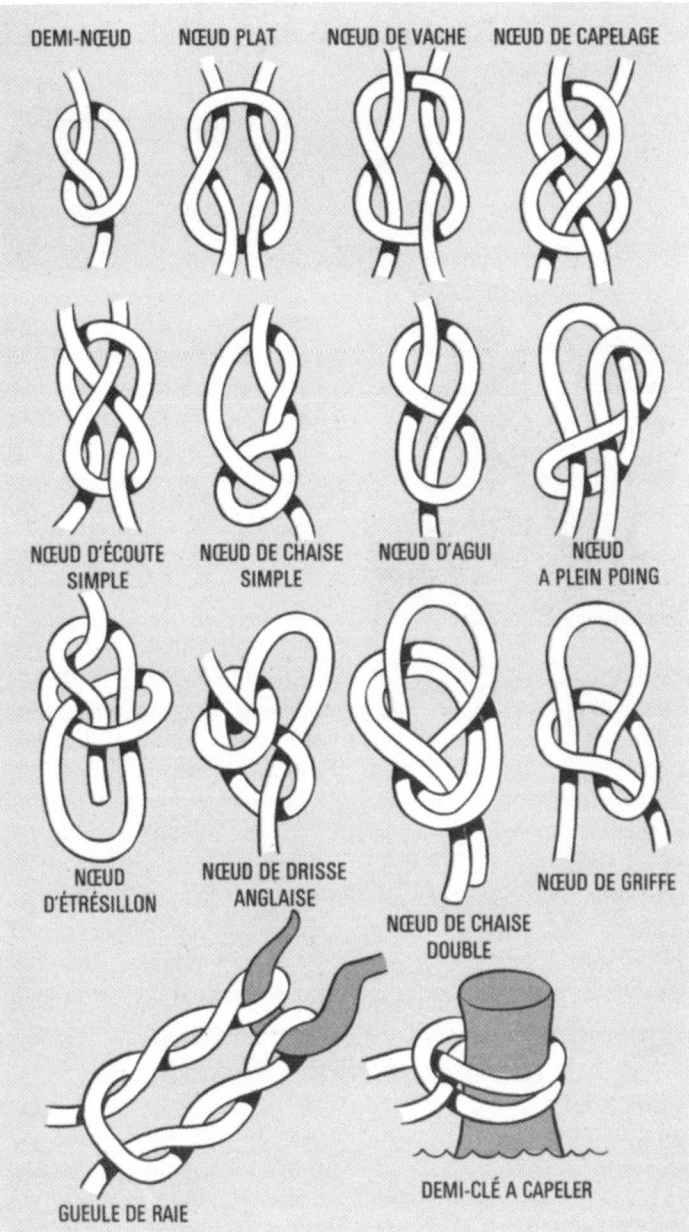

DE L'OR ? DE L'OR !

Onc'Picsou affirme que « l'or est le roi des métaux précieux». Ce métal possède en effet des propriétés physico-chimiques exceptionnelles. Ainsi, il ne s'altère pratiquement pas, il résiste à l'action de l'air, de l'oxygène et de l'eau. Les acides les plus corrosifs comme l'acide chlorhydrique, l'acide sulfurique, l'acide nitrique, ne l'attaquent pas. Il est malléable et se laisse si bien travailler que l'on peut obtenir avec un lingot d'un kilo d'or, un fil ininterrompu long de 325 mètres. Une supposition maintenant : vous trouvez un objet que vous soupçonnez d'être en or. Comment vous en assurer ? Frottez l'objet trouvé sur une pierre. Ensuite, faites de même avec un autre objet que vous savez celui-là être vraiment en or : si les traces laissées sur la pierre ont la même coloration, c'est que les deux objets sont du même métal. Vous n'avez plus qu'à confier sans délai l'objet trouvé au commissariat de police le plus proche.

NE PERDEZ PAS LA PISTE !

Si, lors d'une promenade en forêt, vos amis et vous décidez de vous séparer, balisez votre itinéraire. Cela permettra à vos amis de vous rejoindre à coup sûr et à vous-même de retrouver plus facilement votre chemin de retour. Vous réaliserez cette signa-

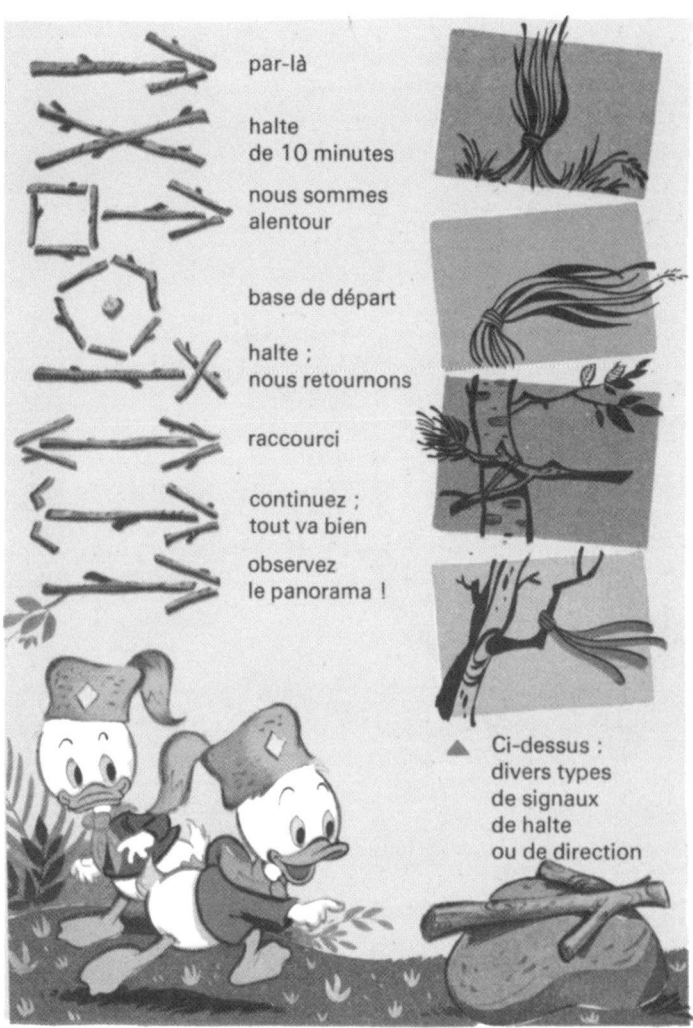

Ci-dessus : divers types de signaux de halte ou de direction

lisation à l'aide de branches taillées que vous disposerez près d'un rocher. A défaut, vous indiquerez l'emplacement de votre signal de piste par un petit morceau d'étoffe noué à une branche d'arbre. Choisissez alors la plus basse. Le mieux sera de laisser un des signaux que nous présentons ci-dessus environ toutes les dix minutes de marche.

DE L'ORDRE EN PLEIN AIR !

En pique-nique, il est toujours agréable de trouver en bon ordre, au bon endroit et au moment voulu, tout ce dont vous pouvez avoir besoin. Il est tout aussi intéressant de mettre les ustensiles hors d'atteinte des fourmis tout en faisant en sorte qu'ils restent à portée de la main. Ce n'est pas bien difficile : il suffit d'un peu d'imagination. Utilisez les ressources naturelles du lieu comme vous le montre notre image. Il est toutefois indispensable de veiller à ce que les branches mortes que vous utiliserez soient bien enfoncées dans le sol et qu'elles aient des dimensions appropriées à leur usage.

JE SIFFLE... TU SIFFLES...

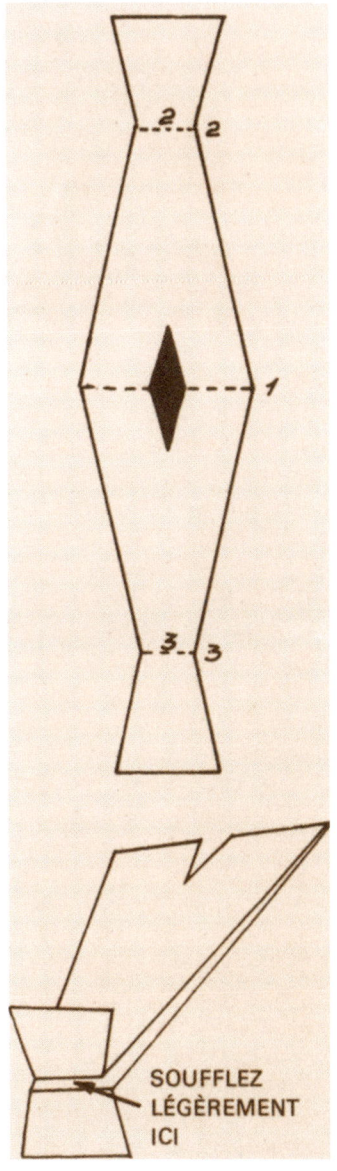

Les trains, les agents, les arbitres ont tous un sifflet ! Pourquoi pas vous ? Décalquez et reproduisez sur une feuille de papier la figure ci-contre, puis découpez-la. Pliez-la selon le pointillé. Repliez vers l'extérieur les extrémités 2 et 3. Découpez ensuite le losange noir. Ainsi que vous le voyez sur notre seconde illustration, votre sifflet est fini. Tenez les deux parties repliées entre l'index et le majeur et soufflez légèrement dans l'embouchure. Le sifflement que vous entendrez ne sera peut-être, pas des plus harmonieux, mais il aura l'avantage d'être perçu à bonne distance !

CASTORS A L'ÉCOUTE

Vous savez tous ce qu'est un télégraphe, n'est-ce pas ? Cette merveilleuse invention qui permet de communiquer à distance, a été mise au point en 1832 par l'Américain Samuel Morse, lequel inventa du même coup l'alphabet qui porte son nom - un alphabet fait de points et de traits produits par des impulsions électriques. Vous pouvez apprendre l'alphabet morse et communiquer à travers un mur séparant deux pièces en frappant un coup sec pour un point, un coup plus appuyé pour un trait...

0 — — — — —	g — — .	w . — —
1 . — — — —	h	x — . . —
2 . . — — —	i . .	y — . — —
3 . . . — —	j . — — —	z — — . .
4 . . . . —	k — . —	point . — . — . —
5	l . — . .	
6 —	m — —	point
7 — — . . .	n — .	d'interrogation . . — — . .
8 — — — . .	o — — —	
9 — — — — .	p . — — .	à vous...
a . —	q — — . —	j'écoute — . —
b — . . .	r . — .	
c — . — .	s . . .	fin . . . — . —
d — . .	t —	
e .	u . . —	début
f . . — .	v . . . —	de message — . — . —

SAVONNAGE EN DOUCEUR

Votre chien a besoin d'un bon bain et il ne vous est pas possible de le conduire chez un spécialiste de la toilette canine. Faites-lui vous-même sa toilette ! Mais attention ! Il faut vous y prendre avec douceur. Avant de vous enfermer avec votre chien dans la salle de bains, prenez la précaution de lui passer son collier et, s'il en a l'habitude, sa muselière. Toujours en le caressant et en lui parlant doucement, persuadez-le d'entrer dans la baignoire au fond de laquelle vous aurez préalablement disposé une serpillière qui évitera les glissades à l'animal. Bien entendu, la baignoire est vide et le bouchon d'évacuation enlevé. Continuez de rassurer votre chien et savonnez-le, à partir de la queue, avec une éponge imprégnée d'eau tiède et de savon neutre ou de shampooing. Frottez-le d'une main légère et rapide. Les yeux et les oreilles sont des endroits délicats : veillez à ce que ni l'eau ni le savon n'y pénètrent, seul un vétérinaire, ou une personne très avertie, peut en prendre soin. Rincez ensuite abondamment votre ami à l'eau tiède. Fermez le robinet, puis passez la main sur le poil de l'animal de manière à exprimer le plus d'eau possible.

Le chien alors va s'ébrouer (gare à l'arrosage !). Terminez l'essuyage avec une serviette-éponge - la sienne ! - et faites-le ensuite jouer, sauter, remuer - toujours dans la salle de bains. Après un petit moment, vous pourrez le laisser retourner dans l'appartement. Vous serez peut- être un peu fatigué mais votre chien sera heureux, resplendissant et, surtout, propre !

FRUITS A PROBLÈMES !

Rien de mieux, pour un goûter improvisé, qu'un ananas, une noix de coco ou des figues de barbarie. Mais comment les décortiquer sans trop de difficultés ni - c'est le cas pour les figues de Barbarie - se piquer douloureusement les doigts ? Voici quelques conseils, simples mais efficaces. *Figues de Barbarie* : contentez-vous de les jeter telles quelles, avec leur barbe piquante, dans de l'eau fraîche et de les

COMPTES A LA PICSOU

Tenir les comptes de son argent de poche n'est pas toujours simple, surtout si l'on veut les garder secrets ! Onc'Picsou a résolu ce problème. Lui, il tient ses comptes en nombres égyptiens, chinois ou babyloniens ! Nous vous en offrons le moyen avec le tableau ci-contre. Toutefois, si vous tenez à conserver le secret, prenez soin de ne pas laissera traîner la clé de ce code.

ÉGYPTIENS

BABYLONIE

ROMAINS

CHINOIS

INDIENS

MAYAS

ARABES (modernes)

y laisser pendant une heure ou deux. Vous pourrez ensuite les éplucher sans craindre les piquants. *Noix de coco :* cherchez dans la partie supérieure du fruit les trois petites cuvettes noirs qui s'y trouvent et percez-en une en vous aidant d'un marteau et d'un tournevis. Versez le suc dans un récipient. Vous n'avez plus qu'à casser la noix. *Ananas :* coupez le fruit en deux parties en partant du haut et recueillez la pulpe en vous servant d'une petite cuiller.

ÉCHELLES EN TOUS GENRES

Il existe une échelle de dureté des minéraux et une autre se rapportant aux tremblements de terre. Les minéraux qui composent notre planète font l'objet d'une classification par ordre de dureté. Chacun de ces minéraux ont la propriété de rayer celui qui le précède. Ce sont, à partir du plus tendre : (1) le talc ; (2) le gypse ; (3) le spath (calcite) ; (4) le fluor ; (5) l'apatite ;

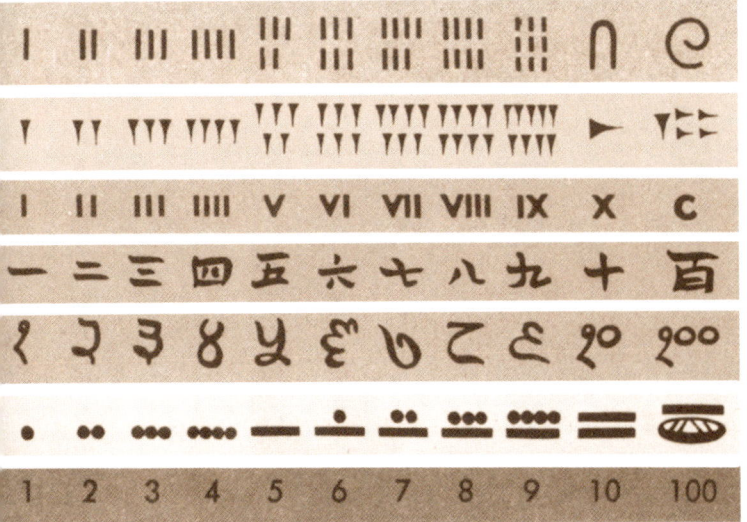

le feldspath ; (7) le quartz; (8) le topaze ; (9) le corindon ; (10) le diamant. L'échelle des séismes, elle, a été établie par le physicien Mercalli, dont elle porte le nom. On distingue ainsi douze degrés dans les secousses sismiques : (1) instrumentale (la secousse est si faible que seuls les sismographes l'enregistrent) ; (2) très légère ; (3) légère ; (4) moyenne ; (5) forte ; (6) assez forte ; (7) très forte ; (8) destructrice ; (9) dévastatrice ; (10) désastreuse ; (11) catastrophique ; (12) cataclysmique.

A LA MANIÈRE D'ŒIL DE LYNX

Oh ! Le beau chapeau ! Procurez-vous une bande de carton ondulé. Ajustez-la à votre tour de tête. Pratiquez deux entailles verticales à chaque bout du carton. Grâce à celles-ci, vous fermerez votre bande de carton ! Vous disposez à ce moment d'un bandeau. Passons aux plumes. Pliez plusieurs fois sur elle-même une feuille de papier et dessinez

PIÈGES MARINS

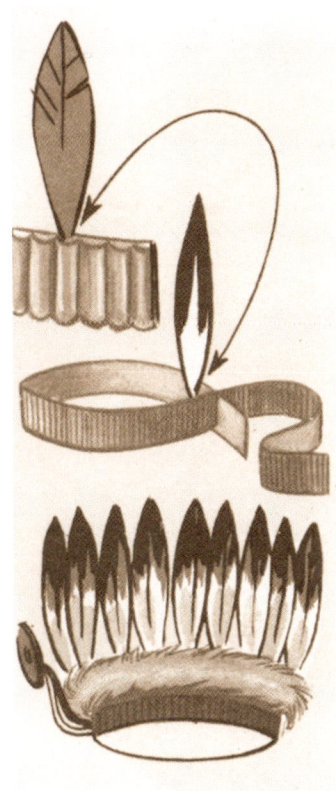

Vous le saviez déjà : la mer peut devenir dangereuse lorsqu'on y plonge aussitôt après avoir mangé ou lorsqu'elle est déchaînée. Mais les plages présentent d'autres dangers, notamment les coups de soleil et les insolations. Vous éviterez les uns et les autres en respectant les temps d'exposition que nous vous donnons p. 167. Si toutefois vous avez pris un coup de soleil et que des cloques se forment, badigeonnez-les avec une solution de bicarbonate de soude. Si quelqu'un est frappé d'insolation, commencez par le transporter à l'ombre et appliquez-lui sur le front des compresses d'eau froide. Par ailleurs, soyez prudent en marchant sur la plage. Vous pouvez glisser ou vous blesser sur un coquillage, un galet pointu ou encore mettre le pied sur un oursin. Dans ce dernier cas, extrayez les piquants et désinfectez immédiatement la plaie avec de l'alcool à 90°. En cas d'insolation et de coups de soleil graves, il faut consulter un médecin le plus vite possible.

une demi-plume sur chacune des deux faces extérieures. Découpez au ciseau. Vous obtenez ainsi des plumes que vous fixerez dans les trous de votre bandeau. Collez sur la face extérieure du bandeau une lanière en fourrure (il est déconseillé de la prélever sur le manteau de votre mère). Colorer les plumes. Et vous voici grand chef indien !

HÉMISPHÈRE SEPTENTRIONAL

LES FAMILLES DU CIEL

Les familles célestes, ce sont les constellations, c'est-à-dire les rassemblements d'étoiles qui permettent aux nomades et aux navigateurs de s'orienter. Il est impossible de les énumérer toutes. Nous nous limiterons aux principaux groupes d'étoiles de notre hémisphère septentrional. Voici donc Orion, le Cheval, la Grande Ourse et le Grand Chariot, la Petite Ourse, dont fait partie l'Étoile Polaire, Cassiopée,

HÉMISPHÈRE MÉRIDIONAL

le Bouvier, la Girafe, Pégase, Hercule, la Lyre, le Cygne. Les douze signes du zodiaque auxquels se réfèrent les horoscopes ont aussi pour origines les constellations : le Bélier, le Taureau, les Gémeaux, le Cancer, le Lion, la Vierge, la Balance, le Scorpion, le Sagittaire, le Capricorne, le Verseau, les Poissons. Vous pouvez facilement apprendre à les localiser à l'aide d'une carte du ciel ou en vous faisant aider d'une personne plus experte que vous en la matière.

A CHACUN SON FEU

Quand on campe, on n'allume pas n'importe quel feu au hasard. Chaque récipient demande un type de feu différent. La marmite exige un support composé de deux files de pierres parallèles (1).

La poêle doit être posée sur trois pierres disposées en triangle, une quatrième protégeant le foyer contre le vent (2). Et la théière ou la cafetière ? Disposez des pierres en rond et suspendez-la à une

QUAND LE SOLEIL DISPARAIT

De temps à autre, la Terre et la Lune se trouvent dans un même alignement par rapport au Soleil. A ce moment, et bien qu'elle soit environ quatre fois plus petite qu'elle, la Lune cache le Soleil à la Terre. Il se produit alors une éclipse totale de Soleil. Mais la Terre peut à son tour se trouver entre le Soleil et la Lune : c'est alors une éclipse de Lune. Cette dernière est cependant beaucoup moins impressionnante que l'éclipsé de Soleil, phénomène grandiose que l'on ne saurait toutefois observer sans protéger sa vue. Si l'occasion vous est donnée d'en observer une et d'admirer ainsi la couronne solaire, prenez bien soin de vous munir de

branche bien enfoncée dans le sol et s'appuyant à mi-course sur une autre branche fourchue, également solidement ancrée (3)... A moins que vous ne préfériez laisser le récipient tout près d'un feu de bois en pyramide (5). Quant au chaudron, eh bien... donnez plutôt un coup d'œil à notre illustration numéro 4. Mais attention ! N'allumez jamais un feu sans être certain que ce n'est pas interdit !

lunettes fumées, ou encore d'un négatif de photo qui a été reposé à la lumière. A la rigueur, vous pouvez également avoir recours à une plaque de verre noircie à la fumée d'une flamme de bougie.

SANS TACHES ET SANS REPROCHES

Fini le problème des taches ! Ces taches redoutables qui sautent sur

NATURE	LAINE ET SOIE
BEURRE GRAISSE HUILE	benzine ou saponaire ; tétrachlorure d'ammoniaque (voir pharmacien)
CHOCOLAT	ammoniaque dilué
COLLE	envoyez au teinturier !
HERBE	alcool à 90°
BOUE	laissez sécher ; brossez ; passez à l'eau vinaigrée ou ammoniaquée (1 cuiller pour 1 tasse d'eau)
FRUITS	eau et alcool à 90° (moitié pour moitié)
ENCRE	tissus colorés : permanganate (voir pharmacie), puis hyposulfite de soude ; tissus blancs : jus de citron et alcool à 90°
STYLO-BILLE	alcool à 90°
LÉGUMES	tissus blancs : permanganate de potasse et hyposulfite de soude ; couleur : envoyez chez le teinturier !
PEINTURE	essence de térébenthine

vos vêtements on ne sait pas comment et qui sont cause d'ennuyeuses remontrances, voici le moyen de les faire disparaître à volonté...

COTON BLANC	COTON DE COULEUR	TISSUS SYNTHÉTIQUES
lavage à l'eau chaude	savonnage à sec et rinçage à l'eau chaude	tétrachlorure d'ammoniaque et éther (opération à effectuer loin du feu)
savonner et lessiver	ammoniaque dilué dans l'eau	citron
vinaigre puis rincer plusieurs fois à l'eau oxygénée à 12 volumes (1 cuiller par litre d'eau)	comme le coton blanc	envoyez au teinturier !
eau chaude et lessive	eau claire et rincer plusieurs fois à l'eau oxygénée à 12 volumes, (1 cuiller par litre d'eau)	alcool à 90°
comme les tissus de laine et soie, puis laver	comme les tissus de laine et soie	comme les tissus de laine et soie
savonner et mettre à l'eau de Javel	alcool à 90°	comme pour les taches de beurre
alcool à 90°	jus de citron	jus de citron
alcool à 90°	alcool à 90°	alcool à 90°
savonnez et rincez à l'eau javellisée	savonnez à l'eau chaude	comme pour les tissus de laine et de soie
essence de térébenthine	essence de térébenthine	essence de térébenthine

LIGNE PRIVÉE

Construisez votre propre téléphone de campagne. Son fil unique transmettra vos paroles à distance. Procurez-vous deux cylindres de carton. Dans une autre feuille de carton découpez deux cercles d'un diamètre supérieur à celui des deux cylindres. Taillez-en les bords de façon qu'ils forment des pétales. Pratiquez un petit orifice au milieu du cercle, par lequel vous ferez passer un fil de la longueur que vous jugerez opportune et faites un nœud qui empêchera le fil de s'échapper. Appliquez le cercle au sommet d'un des cylindres, rabattez les pétales et collez-les sur le pourtour du cylindre. Votre téléphone est prêt. Lorsque le fil sera tendu, les deux « abonnés » pourront communiquer.

ÉCRIVEZ... SANS ÉCRIRE !

Savez-vous quand l'encre devient vraiment sympathique ? Lorsqu'elle est invisible, pardi ! Car il existe une encre invisible. Vous voyez d'ici le profit que l'on peut en tirer lorsqu'il s'agit de préserver le secret d'un message. L'encre invisible la plus facile à se procurer c'est tout simplement le jus d'un citron que l'on aura pressé dans un récipient d'une propreté parfaite. Trempez une plume dans ce liquide et écrivez sur une feuille de papier comme si de rien n'était. Le destinataire n'aura qu'à exposer la feuille à la chaleur d'une ampoule électrique pour que le message apparaisse de façon lisible !

L'UNION FAIT L'ENVELOPPE

Comment expédier un document qui ne doit pas être plié, mais dont les dimensions dépassent celles d'une enveloppe ordinaire ? Voici : procurez-vous deux enveloppes. Faites entrer le document dans la première. Une partie dépasse. Faites-la glisser dans la seconde enveloppe de façon que les deux parties gommées se chevauchent.

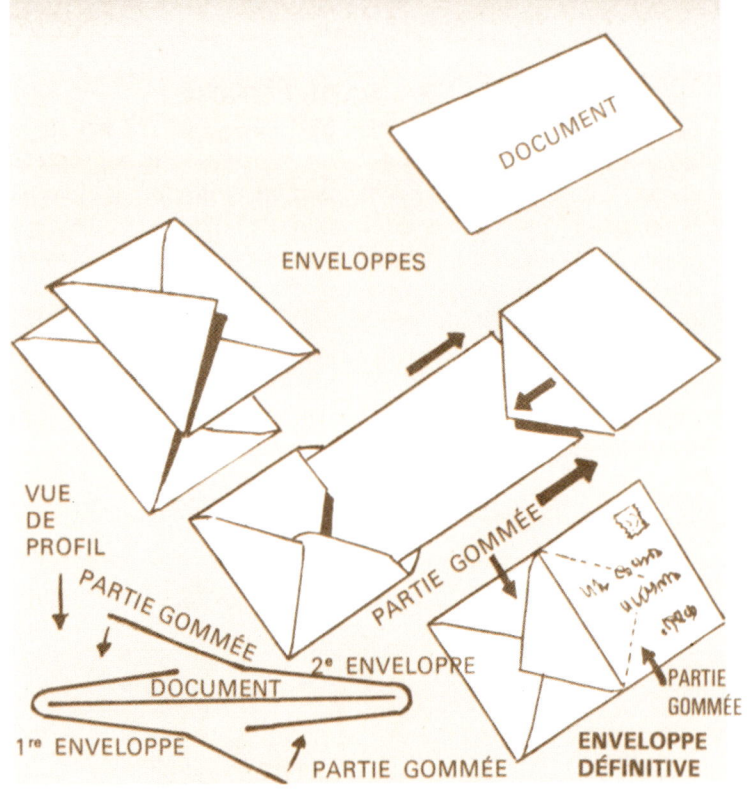

NE SOYEZ PLUS « A PLAT »

Une crevaison provoquée par un clou ou un silex peut détruire tout le charme d'une promenade à bicyclette. Faute de chambre à air de rechange il faut réparer. Commencez par démonter la roue. Ensuite extrayez la chambre à air du pneu à l'aide des démonte-pneus. Il faut maintenant localiser le petit trou par lequel l'air s'échappe. L'opération sera facilitée si vous disposez d'une bassine remplie d'eau dans laquelle vous faites défiler la chambre à air légèrement gonflée : les bulles qui s'en échappent en rangs serrés vous indiqueront le trou à colmater. Une fois celui-ci découvert, essuyez soigneusement la chambre et procurez-vous, en la découpant dans une vieille chambre à air, une pièce de caoutchouc circulaire. Passez l'emplacement où se trouve le trou, ainsi qu'une face de la pièce, au papier de verre très fin. Sur ces deux zones, étendez ensuite une ou deux gouttes de « dissolution » (un produit spécial qui se vend en tubes). Laissez sécher quelques minutes, quez-la en serrant fortement sur l'endroit où se trouve le trou et attendez quelques instants. Ensuite passez de nouveau la chambre à l'eau afin de vérifier qu'il n'y a plus de fuite d'air. Si c'est le cas, vous pouvez remonter

en prenant soin de disposer le point enduit de dissolution sur une surface arrondie (par exemple le cadre de la bicyclette) de façon à éviter que le caoutchouc ne s'enroule sur lui-même. Lorsque la pièce est sèche, appli- la chambre. Mais auparavant, vérifiez bien l'intérieur du pneumatique : le clou ou le silex ayant provoqué la crevaison pourrait bien s'y trouver encore et sans cette vérification tout pourrait être à recommencer.

LIRE L'HEURE AU PIQUET

Vous campez et voici que votre montre s'est arrêtée. Comment savoir approximativement l'heure ? Voici. Enfoncez dans le sol un bâton ou une branche droite, en un endroit bien dégagé et ensoleillé. En suivant attentivement le déplacement de l'ombre de votre piquet, plantez un repère de temps à autre sur le terrain, à la limite du point qu'elle atteint. Vous remarquerez que votre piquet projette vers l'ouest une ombre de plus en plus courte. Lorsque cette ombre recommence à s'allonger, c'est tout simplement qu'il est midi au soleil. Cette ombre qu'on appelle « ombre méridienne », a en outre une propriété intéressante : elle est dirigée vers le nord et peut donc vous permettre de vous orienter.

HALTE AUX MOUSTIQUES !

Il n'est pas rare, lorsqu'on campe qu'immédiatement après le coucher du soleil, les moustiques passent à l'attaque. Une bombe insecticide peut facilement avoir raison de ces envahisseurs avides de sang.

Mais si la bombe est vide ou si vous l'avez oubliée ? Il faut alors recourir aux grands moyens... de fortune. En voici un qui a prouvé son efficacité. Il vous faut allumer un feu de bois vert dégageant une épaisse fumée. Celle- ci fera battre en retraite les assaillants, sinon partout, du moins dans la zone vers laquelle le vent rabat la fumée. Pour allumer le bois vert, utilisez du bois sec. N'oubliez pas d'entourer le foyer de grosses pierres afin d'éviter tout risque d'incendie !

A BON FIL BON CHAS

Un fil à coudre un peu trop gros, ou trop rêche, refuse-t-il de passer par le chas de l'aiguille dont vous disposez ? Qu'à cela ne tienne ! Procurez-vous un morceau de fil plus fin. Dédoublez-le, et glissez le gros fil à cheval sur le point de pliure. Roulez bien du bout des doigts les deux extrémités du petit fil et enfilez-le dans le chas. Tirez : le gros fil suivra !

LE LANGAGE DES ANIMAUX

Onc'Donald *récrimine* plus souvent qu'à son tour, tandis que Onc'Picsou passe son temps à *vitupérer* ceux qui en veulent à son argent. Mais nos deux héros mis à part, comment « s'exprime-t-on » dans le monde animal ? Voyons cela de plus près. Le singe - du moins certaines espèces, car d'autres *grommellent* - *ricane*, l'ours *grogne* et le cerf *brame* ; le

renard *glapit* mais l'écureuil *crie*. Le lapin, le lièvre, le rat *couinent* et le dauphin *siffle*. Voilà pour quelques mammifères. Voyons maintenant les volatiles. L'oie *cancane*, la poule et le dindon *gloussent*; la mouette, comme le goéland, *rit*. Mais la grue, la cigogne et la foulque *caquètent* ; les poussins *pépient* mais le coq *chante* ; l'aigle *râle*, le rossignol *trille* ; le corbeau, la corneille *croassent* ; le perroquet *parle* - mais oui ! - tandis que la pie *jacasse*. Quant à la chouette, elle *ulule*.

FAHRENHEIT ET CENTIGRADES

Si la plus grande partie du monde a adopté le thermomètre centigrade, les pays anglo-saxons, comme l'Angleterre et les États-Unis, s'en tiennent au thermomètre Fahrenheit. Le thermomètre centigrade fixe à 0°C (Celsius) la température de la glace fondante et à 100°C celle de l'eau bouillante. Le thermomètre Fahrenheit indique, lui, dans les mêmes conditions, 32 et 212 degrés. Comment convertir en degrés centigrades une température donnée en degrés Fahrenheit ? Voici : commencez par soustraire 32 au chiffre Fahrenheit indiqué. Multipliez le résultat par cinq et divisez par neuf. Il existe pourtant une solution plus simple : consultez un thermomètre à double graduation !

COMMENT CONSTRUIRE UN ARC ?

Ce n'est pas très difficile à condition d'avoir à votre disposition un arbuste (évitez de choisir un arbre fruitier) et d'y couper une branche flexible. Avec des bouts de ficelle, vous fixerez aux deux extrémités de l'arc, une ficelle plus grosse ou une cordelette. Ce sera la corde de votre arc. Vous voilà prêt à jouer les Robin des Bois. N'oubliez pas toutefois qu'un arc est une arme et qu'il faut donc s'en servir avec la plus grande prudence. Ne décochez pas vos flèches sur votre entourage ni sur les bibelots de votre mère !

TÉLÉGRAPHE A BRAS

Vous pouvez communiquer à distance avec un ami en vous servant de deux fanions tenus à bout de bras. Munissez-vous de fanions carrés, composés de deux triangles de tissus de couleurs différentes cousus ensemble puis fixés au bout d'un manche assez long. Vous trouverez pages suivantes le code international dont on se sert dans la marine.

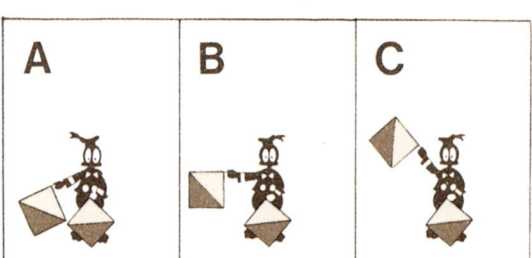

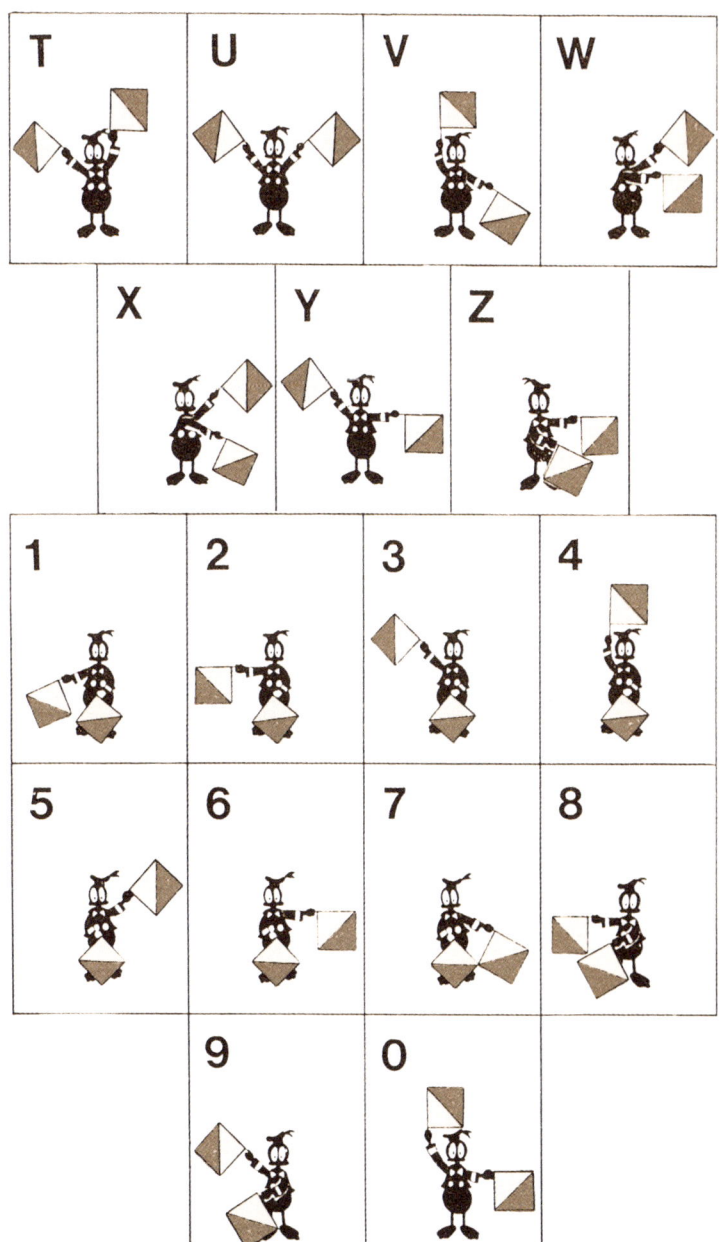

LE ROUGE ET LE BLEU

Vous savez certainement qu'il existe dans la nature des substances acides (celles qui contiennent des acides) et des substances basiques (lesquelles, combinées aux acides, servent de « bases » pour la formation de sels). Voulez-vous apprendre à distinguer les acides des bases ? C'est facile. Procurez-vous chez un droguiste des feuilles de tournesol. Ce sont des feuilles rouges et bleues imprégnées d'une substance végétale, le tournesol. Déposez sur les feuilles quelques gouttes de diverses substances. Si l'une de ces substances est acide, la feuille rouge virera au bleu. En revanche, si c'est une base, la feuille bleue virera au rouge. Parmi les substances acides : le vinaigre, le jus de citron, de tomate, le lait et même... la salive. Parmi les bases : l'eau de mer, le bicarbonate, l'ammoniaque. Nous ne vous en disons pas davantage : vous découvrirez les autres par vous-mêmes.

A TOUS LES VENTS

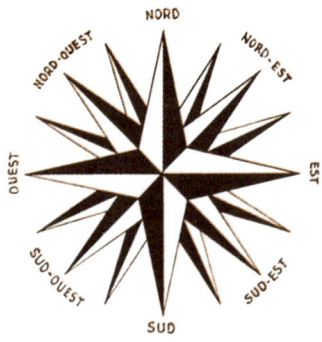

Parfois simple brise rafraîchissante, le vent peut devenir une force aveugle et destructrice, accompagnée de lugubres mugissements. Selon leur direction et le temps qui les provoque, les vents terrestres se répartissent en vents réguliers périodiques et en vents irréguliers. Les premiers soufflent toute l'année dans la même direction (les alisés et les contre-alisés) ; les réguliers périodiques soufflent à des époques et dans des régions déterminées (les moussons, les brises, le fœhn, le bora, la tramontane, le mistral, le pampero, le sirocco, le simoun, le ghibli, le buran, etc.). Enfin les vents irréguliers sont ceux qui accompagnent les ouragans, les cyclones, les tornades, les trombes terrestres et marines.

Force	Vitesse en mètres/seconde	Désignation	Définition
0	0 – 0,5	calme	calme : la fumée monte la verticale
1	0,6 – 1,7	presque calme	la fumée s'incline
2	1,8 – 3,3	brise légère	les feuilles des arbres s'agitent
3	3,4 – 5,2	petite brise	feuilles et drapeaux sont agités
4	5,3 – 7,4	jolie brise	les drapeaux sont déployés, les petites branches s'agitent
5	7,5 – 9,8	bonne brise	les grosses branches bougent, la mer se ride
6	9,9 – 12,4	bon frais	les grosses branches sont agitées ; le vent se fait entendre dans les habitations
7	12,5 – 15,2	grand frais	les arbres sont agités : la marche contre le vent devient difficile
8	15,3 – 18,2	petit coup de vent	les branches plient ; les gros arbres sont agités
9	18,3 – 21,5	coup de vent	des objets sont emportés ainsi que les tuiles
10	21,6 – 25,1	fort coup de vent	des arbres sont déracinés ou abattus
11	25,2 – 29,0	tempête	dévastations étendues
12	plus de 30	ouragan	dévastations et destructions très étendues

LES FLEURS QUI PARLENT

Si vous désirez mieux vous connaître, pensez aux fleurs que vous préférez. Celles-ci vous révéleront, plus peut-être que vous ne le pensez, votre vraie personnalité.

Arum	vous êtes bavard.
Azalée	vous voyez grand.
Bégonia	vous avez le sens de l'amitié.
Bleuet	vous avez les idées claires.
Cyclamen	vous êtes un peu renfermé.
Dahlia	vous savez être reconnaissant.
Edelweiss	vous avez tendance à rêver.
Géranium	vous aimez la simplicité.
Hortensia	vous êtes peu sensible.
Irison	peut vous faire confiance.
Jasmin	vous êtes timide.
Lis	vous aimez la bonté.
Marguerite	vous êtes plutôt indécis.
Muguet	vous êtes très sensible.
Œillet	rougevous avez de la vivacité.
Rose	vous êtes affectueux.
Verveine	vous êtes réfléchi.
Violette	vous avez de la mémoire.

GARDEZ LEURS TRACES

Avez-vous déjà relevé des empreintes d'animaux afin de les collectionner ? Voici comment pratiquer. A l'aide d'une boîte dont vous aurez fait sauter le fond, « encadrez » une empreinte intéressante. Versez ensuite très lentement à l'intérieur de ce « cadre » du plâtre liquide, en une couche d'environ 2 cm d'épaisseur. Attendez que le plâtre durcisse bien (cela peut demander 20 minutes). Dégagez ensuite la boîte. Vous aurez ainsi une plaque de plâtre portant des empreintes inversées. Pour rétablir la situation, appliquez ces empreintes sur de la pâte à modeler. Il ne vous restera plus qu'à les étiqueter en indiquant le nom du propriétaire présumé.

QUAND LA FAMILLE DÉMÉNAGE...

Lors d'un déménagement, il y a du travail pour chacun dans la maison. Y compris pour les Castors Juniors. Prenez des journaux, du papier d'emballage, du ruban adhésif et de la ficelle. Vous en aurez besoin pour empaqueter vos livres. Étalez sur sa plus grande largeur un journal de grand format. Pliez-le en quatre dans le sens de la largeur. Dans la large bande ainsi obtenue, disposez quatre ou cinq livres. Repliez les bords du journal et fixez-les l'un contre l'autre à l'aide de ruban adhésif. Vous pouvez maintenant envelopper le tout dans du papier d'emballage en prenant soin d'indiquer un numéro d'ordre sur deux ou trois faces du paquet que vous lierez avec de Ja ficelle. Entre-temps, sur un cahier ou sur un carnet, vous aurez porté les titres des livres correspondant au numéro porté sur le paquet. Faites de même pour vos objets. Vous pouvez aussi vous occuper des animaux domestiques. Veillez sur le canari dans sa cage, au confort du chat ou à la sagesse du chien... Bref, faites tout votre possible pour vous rendre utile.

LES DEGRÉS DE L'ESCALADE

Les ascensions alpines présentent une large échelle de difficultés croissantes. L'école d'alpinisme de Munich, en Bavière, a fixé six degrés dans l'escalade. Les voici : (1) facile : la roche présente de nombreux points de prise pour les mains et d'appui pour les pieds ; (2) moyennement difficile : les prises et appuis ne sont ni nombreux ni très évidents ; (3) difficile : les appuis sont rares et peu marqués ; (4) très difficile : outre que les prises et appuis ne sont pas nombreux et peu marqués, la roche est presque verticale ; (5) extrêmement difficile : la paroi est lisse, verticale mais peut encore être franchie sans moyens artificiels ; (6) excessivement difficile : paroi lisse et verticale dont l'escalade n'est possible qu'à l'aide de moyens artificiels (cordes, pitons, mousquetons, etc.). Et maintenant, un conseil aux Castors Juniors : ne vous engagez jamais dans la montagne sans un équipement adéquat et sans être accompagnés par des personnes expérimentées - un guide par exemple.

LA RONDE DES HEURES

« Quelle heure est-il ? Il est...
- Mais non, laissez-moi terminer ma phrase ! Je voulais

dire, quelle heure est-il à Sydney ? - A Sydney ?... Heu... ». Un vrai Castor Junior n'aura plus le droit d'hésiter. Il consultera la carte des fuseaux horaires que nous publions ci- après. Pour bien la comprendre, imaginez la Terre divisée en 24 fuseaux. Notre carte en compte 26 parce que les deux premiers sont répétés aux deux extrémités. Ce sont des fuseaux horaires. S'il est midi dans le fuseau

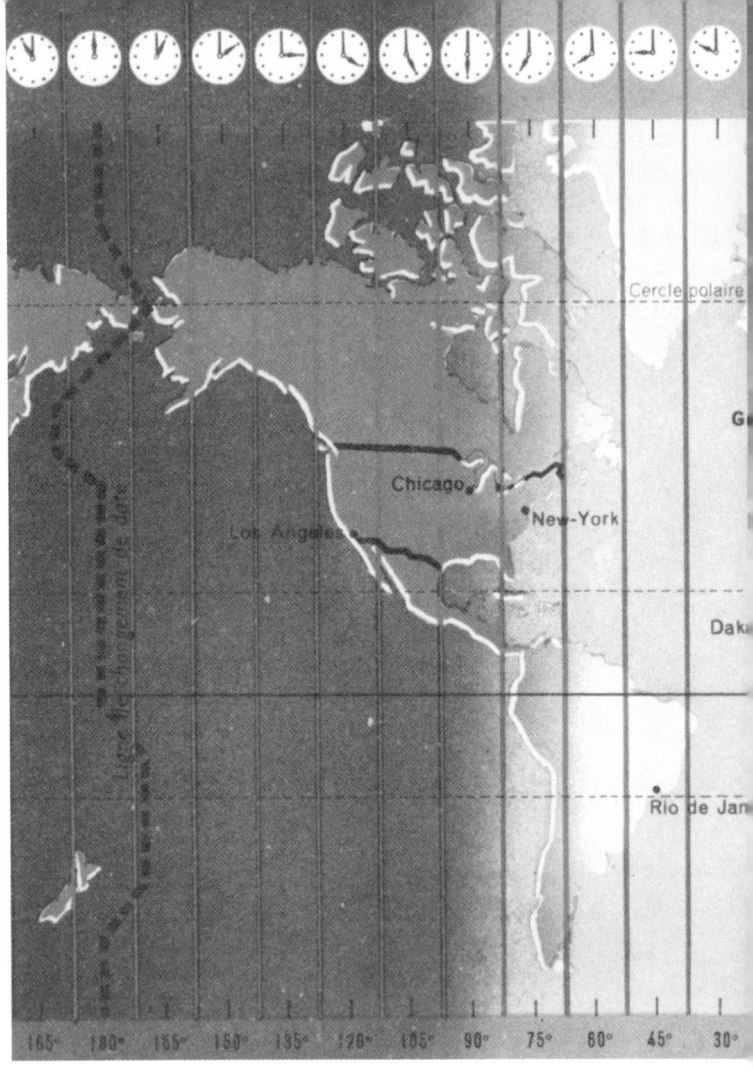

correspondant au méridien de Greenwich que nous prenons pour point de départ, il suffit de regarder la carte pour déterminer l'heure de Sydney. Vous noterez que 10 fuseaux séparent Greenwich de Sydney, c'est-à-dire 10 heures. Il faudra donc ajouter 10 heures à 12 pour avoir l'heure de Sydney, c'est-à-dire 22 heures. Ceci est valable pour toutes les villes situées à l'est - à droite

sur l'illustration - du méridien de Greenwich. Pour les villes situées à l'ouest - à gauche de Greenwich - il ne faudra plus ajouter mais soustraire autant d'heures qu'il y a de fuseaux. N'oublions pas cependant qu'au douzième fuseau, ce n'est plus seulement l'heure mais la date qui change. Ainsi gagne-t-on un jour en se dirigeant vers l'est et en perd-on un au contraire en allant vers l'ouest.

FIGURE A

24 cm

FIGURE B

AXE

ATTENTION, ÇA TOURNE !

Dans une feuille de papier fort, découpez un carré de 24 cm de côté. Tirez des traits en diagonale de façon à obtenir quatre triangles (fig. A). Découpez puis pliez vers le centre une pointe sur deux (fig. B). Enfilez au milieu une épingle à grosse tête dont vous fixerez la pointe dans un support. Inutile de vous essouffler à courir : cette hélice tournera au moindre souffle de vent.

LA VALSE DES ÉTIQUETTES

On ne compte plus les accidents, parfois très graves, provoqués par l'ingestion de liquides dangereux contenus dans des bouteilles ne portant aucune indication. Voici donc quelques « trucs » qui mettront les vôtres et vous-mêmes à l'abri du danger. Cela, grâce à des étiquettes indélébiles que vous pourrez confectionner à temps perdu. Sachez qu'une simple étiquette en papier deviendra imperméable une fois que vous y aurez porté une inscription à l'encre de Chine, si vous la badigeonnez successivement avec du blanc d'œuf et de l'eau bouillante. De même de la paraffine liquide passée sur une étiquette la rendra résistante aux agents chimiques corrosifs et à l'humidité.

ENVELOPPES AU RABAIS

Bien qu'archi-multi-milliardaire, Onc'Picsou est désespéré ! Son ordinateur lui a révélé qu'il dépensait chaque année au moins vingt-trois francs douze centimes en enveloppes pour l'expédition de mises en demeure de paiement à ses débiteurs récalcitrants. Nous allons lui indiquer un moyen d'éviter cette folle dépense, un moyen que vous pourrez utiliser à votre tour lorsque vous devrez expédier une lettre urgente et que vous serez démunis d'enveloppes ou à court d'argent. Pliez votre lettre en trois dans le sens de la hauteur en superposant

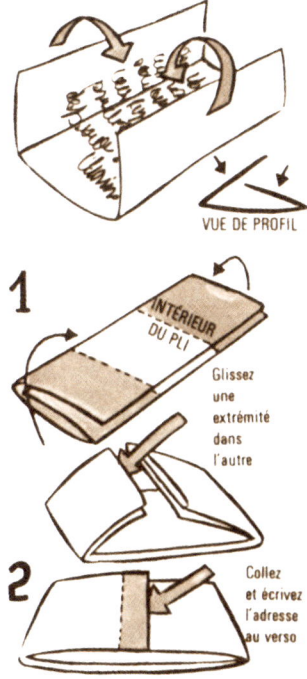

l'un sur l'autre les deux bords extérieurs. Répétez l'opération dans le sens de la largeur et glissez les deux extrémités l'une dans l'autre. Aplanissez soigneusement le tout et fermez avec du ruban adhésif. Écrivez l'adresse sur l'autre face, collez le timbre et courez expédier votre lettre.

PRUDENCE !

Chaque année de jeunes garçons - et même des adultes - se noient parce qu'ils ont cru pouvoir passer à gué un cours d'eau à première vue inoffensif. Pour traverser un cours d'eau, il faut appliquer avec rigueur ces règles simples : ne jamais essayer de traverser dès lors que la hauteur d'eau dépasse la moitié du mollet ; ne jamais franchir un courant vif, même s'il y a peu d'eau ; ne traverser que si l'eau est limpide et laisse voir parfaitement UN FOND DE GALETS ; avancer en s'appuyant sur un solide bâton ; ne pas poser le pied sur un galet moussu en raison du risque de glissade ; enfin, NE JAMAIS FRANCHIR UN COURS D'EAU SANS L'AIDE D'UN ADULTE EXPÉRIMENTÉ. Si ces conditions ne sont pas réunies, faites plutôt un détour, jusqu'au prochain pont !

UN TOIT POUR TOUS

Nous n'avons pas la prétention de résoudre le problème du logement : nous nous contenterons de vous indiquer le moyen de construire une cabane qui vous sera très utile pendant vos vacances à la campagne. Nous vous en présentons même deux modèles : à vous de choisir celui qui vous conviendra le mieux. Si vous suivez attentivement les illustrations, la construction de la cabane ne sera pas une entreprise trop ardue, même si la recherche et l'implantation des piquets de soutènement demande un certain temps. Est-il besoin de préciser qu'avant de commencer les travaux proprement dits, vous devrez

aplanir soigneusement le terrain ? Une fois la structure terminée, vous n'aurez plus qu'à la recouvrir de branchages feuillus et vous installer à l'ombre.

CUISINE AUX CHAMPS

Pour les excursions à la campagne, les supermarchés vous offrent une imposante et alléchante variété de mets surgelés, congelés, en conserve, précuisinés, lyophilisés, etc. Toutefois, vous, Castors Juniors, vous trouverez plus agréable et plus appétissant un repas préparé à la manière des « anciens pionniers ». Votre menu se composera d'un plat de poisson et d'un autre de viande, cuits tous deux à la flamme. Nettoyez soigneusement le poisson (que vous aviez peut-être péché vous-mêmes), enfilez-le sur des tiges de bois que vous fixerez dans les interstices d'une bûche résineuse qui l'aromatisera. Exposez-le à la flamme vive d'un feu allumé - en vous assurant que ce n'est pas interdit là où vous êtes - entre deux files de pierres parallèles. Quand il sera rôti d'un côté, retournez-le pour compléter la cuisson. Salez si nécessaire (on ne sale pas le poisson de mer). Entre-temps vous aurez allumé un autre feu similaire : exposez la viande à ce feu, suspendue à un

bâton soutenu par un piquet fourchu et fixé au sol par une grosse pierre, comme sur notre illustration. Tout cela n'est pas très difficile et vous devriez très bien réussir. Dans le cas contraire... heu... vous pourrez toujours vous venger sur les mets congelés, surgelés, précuisinés, en conserve, etc., que vous aurez emportés. Un Jeune Castor est toujours prévoyant !

FABRIQUEZ VOTRE CERF-VOLANT

Tout Castor Junior qui se respecte sait évidemment ce qu'est un cerf-volant, que les savants appellent *Lucanus cervus* : un gros insecte pourvu de puissantes mandibules plus intimidantes que dangereuses. Eh bien, ce n'est pas de ce cerf-volant-là qu'il s'agit ici, mais d'un autre, presque aussi vieux que le monde : d'un appareil qui vole et que vous pourrez construire à peu de frais en vous donnant un minimum de mal.

Commencez par vous procurer deux baguettes plates de bois léger et longues respectivement de 100 et de 80 cm. Collez-les en croix l'une sur l'autre (fig. A, page suivante) et faites passer tout autour un fil de nylon de façon à obtenir un losange (fig. B). Prenez maintenant une feuille de papier léger et coloré dans laquelle vous découpez un losange de dimensions légèrement supérieures à celles de votre châssis.

Appliquez-la sur la structure en repliant les bords et en les collant (fig. C). Munissez-vous d'un fil de nylon assez fort que vous coupez en 4 longueurs d'environ 50 cm ; nouez chaque fil à un angle et liez-les ensemble dans le bas. Attachez au point de jonction un autre fil de même diamètre, et long d'au moins six mètres. Votre appareil volant est prêt. C'est cependant plus qu'un simple jouet que vous aurez plaisir à faire voler dans les airs dès que souffle un peu de vent. Le cerf-volant a été pour Benjamin Franklin et Guglielmo Marconi un appareil précieux grâce auquel ils se livrèrent à des expériences historiques : l'étude de l'électricité atmosphérique pour le premier, la réception des premiers messages-radio pour le second.

Au fait... Vous devez vous demander à quoi correspondent les figures 1, 2 et 3... C'est juste. Lancés dans les explications scientifiques, nous allions oublier de vous en parler. Alors, parlons-en. Découpez dans du papier coloré trois carrés de 20 cm de côté (fig. 1). Pliez-les en accordéon (fig. 2), et faites passer par le milieu un fil que vous arrêterez avec un nœud (fig. 3). Attachez ces papillons à 1 m l'un de l'autre le long d'un fil lui-même noué à l'arrière du cerf-volant. Et maintenant amusez-vous bien !

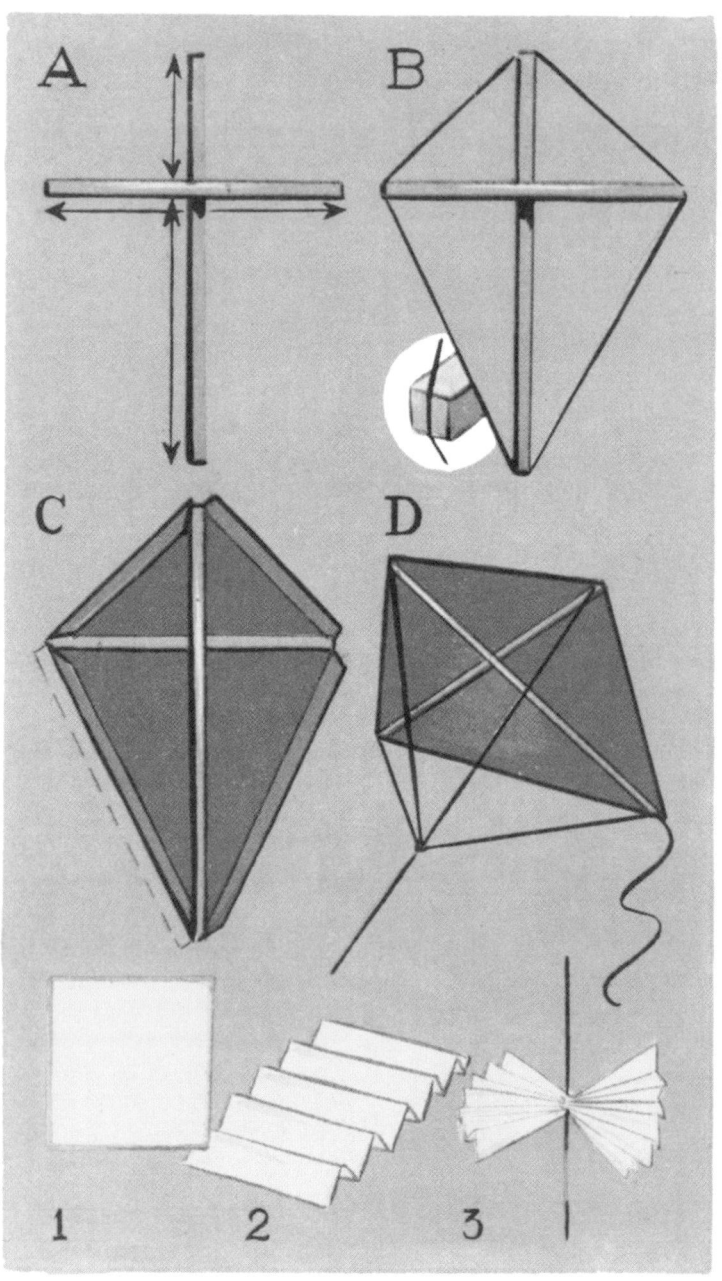

S.O.S. ANIMAL BLESSÉ !

Il peut arriver, à la campagne, de trouver un oiseau qui tente de reprendre son vol mais qui s'épuise inutilement parce qu'il a une patte fracturée ou une aile brisée à la suite d'un accident quelconque. Votre devoir consistera alors à recueillir le blessé et à vous efforcer de le soigner et de le sauver.

Vous faciliterez la guérison d'une fracture en « bloquant » la patte accidentée entre deux petits bouts de bois maintenus par une ligature. Si l'aile a été brisée par les plombs d'un chasseur sans pitié, vous devrez tout d'abord extraire très délicatement les fragments métalliques qui pourraient encore se trouver dans la plaie et désinfecter la blessure en vous servant d'un tampon de coton imbibé d'eau oxygénée. N'oubliez pas cependant qu'il s'agit d'un oiseau, qu'il est fragile, et que vos gestes devront être doux et mesurés. Ensuite, vous immobiliserez l'aile, jusqu'à guérison, à l'aide d'une petite plaquette de bois maintenue par un fil.

Votre chat ou votre chien peuvent également être victimes d'un accident. Voici ce qu'il conviendra de faire en attendant l'arrivée du vétérinaire que vous devrez appeler dans tous les cas. Pour commencer, attachez-vous à nettoyer la plaie : après avoir délicatement coupé au ciseau les poils qui l'entourent, désinfectez-la à l'aide d'une éponge ou d'un tampon de coton imprégnés d'antiseptique (eau oxygénée, par exemple). Cette opération terminée, et si la plaie est superficielle, pulvérisez dessus de l'acide borique en poudre. La guérison sera rapide et le plus souvent n'exigera pas d'autre intervention. Le vétérinaire n'interviendra par la suite que si la blessure est profonde. Si, après l'accident, l'animal demeure immobile, déposez-le délicatement sur une couverture. Ne lui donnez surtout rien à boire ni à manger s'il revient à lui. Placez simplement à ses côtés un petit coussin. S'il en éprouve le besoin (car, d'instinct, il s'apercevra qu'ainsi sa respiration sera facilitée), il sera le premier à y poser sa tête.

L'HORLOGE DES FLEURS

Si vous avez la chance d'avoir un jardin, ou si un jardin public se trouve à proximité de votre maison, il vous sera facile d'apprendre l'heure à l'horloge des fleurs. Car celles-ci ne s'ouvrent pas au hasard

L'ORNITHOGALE s'épanouit entre 10 et 11 heures.

LA MAUVE s'ouvre entre 9 et 10 heures.

LE MOURON s'ouvre entre 7 et 8 heures.

LE SOUCI s'ouvre entre 5 et 7 heures.

Le fleur de LIN s'ouvre entre 5 et 6 heures.

LA CHICORÉE s'épanouit entre 4 et 5 heures.

Matinal, le LISERON s'ouvre entre 3 et 4 heures.

ni n'importe quand. Pas plus qu'elles ne se ferment ni n'émettent leurs plus intenses effluves parfumés à n'importe quel moment de la journée. Vous pourrez le vérifier dans une allée fleurie... à condition, évidemment, de savoir reconnaître à coup sûr les espèces que nous vous montrons ci-dessous.

LE POURPRIER
s'ouvre entre
12 et 13 heures.

LA MAUVE
se ferme entre
13 et 14 heures.

LA PULOMNAIRE
se ferme entre
14 et 15 heures.

LA BELLE-DE-JOUR
se ferme entre
15 et 17 heures.

L'ŒNOTHÈRE
s'ouvre entre
17 et 18 heures.

LA BELLE-DE-NUIT
s'ouvre entre
18 et 19 heures.

C'est vers 20 heures
que le parfum
du Géranium
est le plus fort.

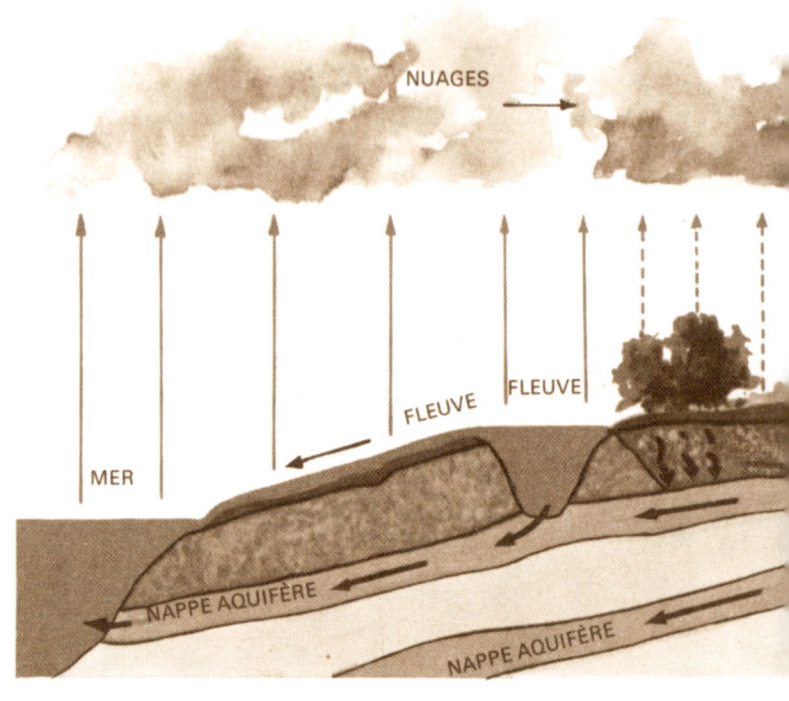

LE CYCLE DE L'EAU

Savez-vous que la majeure partie de l'eau qui coule de nos robinets vient en définitive de la mer ? Voici comment cela s'explique. Exposée aux rayons du soleil, l'eau de la mer s'évapore lentement. Au contact des couches froides de l'atmosphère, la vapeur d'eau se rassemble en nuages composés de gouttelettes microscopiques. En se condensant au-dessus de la terre, ces nuages apportent la pluie. Une bonne moitié de cette eau tombée sur la terre s'évapore de nouveau. Une autre partie est absorbée par le sol et forme des nappes souterraines auxquelles l'homme s'alimente à l'aide de puits ou de stations de pompage. Le reste enfin, par l'intermédiaire des fleuves ou des rivières souterraines, regagne la mer.

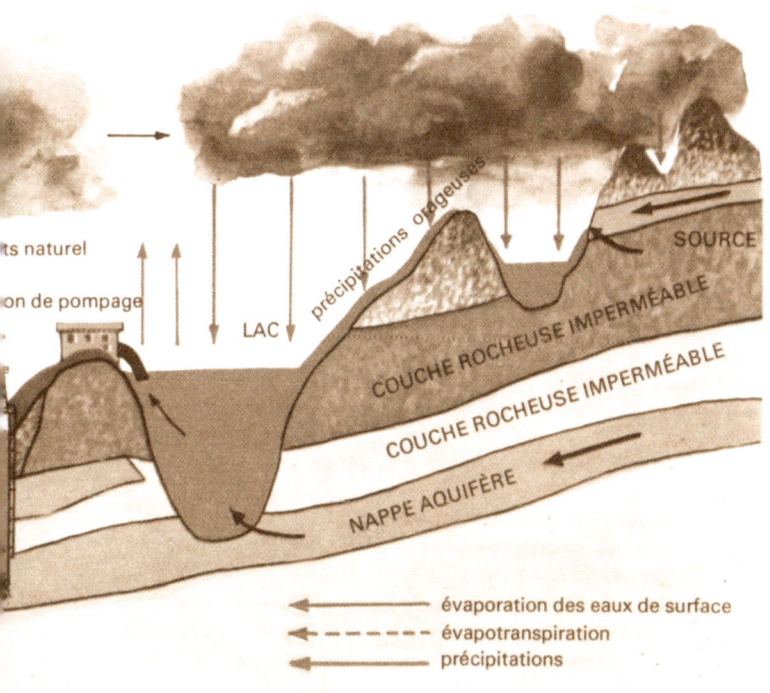

LA VITESSE DES RIVIÈRES

A condition de faire preuve de toute la prudence indispensable, et notamment de vous faire accompagner par une grande personne, vous pouvez mesurer la vitesse d'une rivière. En un endroit où le cours d'eau file en ligne droite, plantez sur la berge deux piquets à 20 m de distance. Lancez dans le courant, à hauteur du jalon situé en amont, un morceau de bois. Vérifiez combien de secondes s'écoulent entre le moment où vous avez lancé le témoin à hauteur du premier jalon et celui où il franchit le second. Multipliez ce chiffre par 50 : le total vous indiquera EN SECONDES, le temps que mettra le témoin pour franchir 1 km. Enfin, divisez 3 600 (il y a 3 600 secondes dans une heure) par le nombre de secondes que vous avez obtenu.

ARBROPHILIE

« Arbre, mon ami », a dit le poète. Et il avait raison. Plus encore qu'un ami utile, l'arbre est un ami INDISPENSABLE. Il purifie l'air en absorbant du gaz carbonique et en rendant de l'oxygène ; ses racines retiennent le sol sur les pentes montagneuses ; il nous donne du bois pour nous chauffer, fabriquer des meubles, des échafaudages, des outils et bien d'autres choses encore. En forêt, il peut vous aider à vous orienter : la partie de son tronc la plus moussue indique généralement le nord. Et que dire de l'immense variété de fruits que nous procurent les arbres ? Sans parler des bourgeons, des feuilles et des pousses qui constituent l'unique aliment de beaucoup d'espèces animales... Enfin, comment passer sous silence certaines espèces très particulières ? Ainsi, l'arbre-bouteille, de l'archipel malais. Dans la partie inférieure de son tronc il porte un gros renflement, de 60 cm de diamètre environ. Ce n'est rien d'autre qu'une réserve d'eau - précieuse pour l'explorateur, pendant la saison sèche.

Voici encore, à Madagascar, l'arbre des voyageurs. Ses grandes feuilles en forme d'éventail fournissent une matière grasse comestible, un peu comme l'arbre à beurre des pays tropicaux. Au Venezuela, l'arbre à lait sécrète, lorsque son écorce est incisée, un liquide doux, semblable à du lait dont on peut également extraire des matières grasses. L'arbre à savon fournit des fruits dont le suc possède un bon pouvoir détersif. Et n'oublions pas l'hévéa, qui sécrète le caoutchouc, le pin et sa résine. Certains arbres détiennent d'extraordinaires records de longévité. Jugez-en vous mêmes en consultant le tableau ci-dessous.

ESPÈCE	AGE MAXIMUM		LIEU
	PROBABLE	DÉMONTRÉ	
SÉQUOIA	4 000 ans	2 300 ans	Caroline du Nord (U.S.A.)
FICUS RELIGIOSA	2 000/3 000	–	Inde (cité dans l'histoire)
CHÊNE	2 000	1 500	Basse-Saxe (Allemagne)
GENÊT	2 000	540	Russie
PIN SYLVESTRE	–	580	Suisse
PINUS CEMBRA	1 200	750	Suisse
SAPIN	1 200	400	Bavière (Allemagne)
PINUS ARISTATA	–	460	Californie
MÉLÈZE	700	420	Suisse
HÊTRE	900	250	France
TILLEUL	–	810	Lituanie
LIERRE	440	–	France

Comment vérifie-t-on l'âge d'un arbre ? C'est très simple : il suffit de compter les anneaux visibles lorsque le tronc est sectionné transversalement. Ne vous amusez toutefois pas à couper un chêne centenaire pour établir son acte de naissance : contentez-vous de troncs d'arbres de grosseur comparable qui auraient pu être abattus dans les parages : il y en a sûrement. Chaque anneau correspond à une année. Il peut y en avoir 900 sur un simple hêtre : de quoi occuper un bon bout de temps une excellente paire d'yeux !

ATTENTION AU DÉPART

Voilà revenu le temps des vacances. Chez vous c'est le branle-bas habituel qui préside aux préparatifs de départ. Laissez à votre maman le soin de s'occuper de l'habillement qui vous sera nécessaire. Mais demandez-lui de vous laisser choisir et mettre vous-même dans votre valise les objets personnels dont vous aurez besoin. Cela lui rendra service si vous le faites avec soin et de façon raisonnable.

Que vous alliez à la mer ou à la montagne, avec vos parents ou en groupe, préparez votre attirail personnel de Castor Junior. Il vous faudra obligatoirement un chiffon propre, quelques mètres de ficelle (ou même de corde), du ruban adhésif, quelques épingles de nourrice, des allumettes, une lampe de poche et une pile de rechange, des ciseaux, un petit sac (très pratique pour une cueillette éventuelle).

Vous trouverez bien quelque part un petit flacon en matière plastique : remplissez-le d'alcool à 90° ou d'eau de Cologne : un petit bobo peut toujours arriver. N'oubliez pas non plus : quelques feuilles de papier (ou un bloc-notes) ainsi qu'un crayon à bille et, pourquoi pas, un ou deux crayons feutres…

Pour finir, assurez-vous que votre canif de poche n'est pas resté au fond d'un tiroir, et emportez quelques pinces à linge.

Votre « arsenal » de Castor Junior ainsi au complet, vous serez assuré de ne jamais être pris au dépourvu lorsque vous organiserez des jeux avec vos amis.

TOUS DEVINS !

« COMMENT DEVINER UN NOMBRE PENSÉ PAR UN AMI »

Vous trouverez, page suivante, cinq colonnes classées A, B, C, D, E, comportant des séries de chiffres. Grâce à ce tableau, vous serez en mesure de percer les pensées secrètes… et chiffrées de vos amis. Demandez par exemple à l'un d'eux de penser à un nombre entre 1 et 30 et de vous dire ensuite la ou les colonnes dans lesquelles

figure ce chiffre. En moins de temps qu'il n'en faut pour le dire, vous allez deviner ce nombre : Comment réussir ce tour spectaculaire ? Voici un exemple : Votre ami vous dit que le nombre auquel il a pensé se trouve dans les colonnes B et D. Il n'a pu penser qu'au chiffre 9. Comment le prouver ? Contentez-vous d'additionner le premier chiffre de chacune des colonnes B et D, c'est-à-dire 1 et 8. Cela fait 9. Un autre exemple. Votre ami a pensé 28. Ce nombre apparaît dans les colonnes C, D, E dont les premiers sont respectivement 16, 8, 4. Le total donne bien 28. Génial non ?

COMMENT DEVINER L'AGE DE L'ONCLE THÉOPHILE

2	38	74
3	39	75
6	42	78
7	43	79
10	46	82
11	47	83
14	50	86
15	51	87
18	54	90
19	55	91
22	58	94
23	59	95
26	62	98
27	63	99
30	66	102
31	67	103
34	70	106
35	71	107

1

A	B	C	D	E
2	1	16	8	4
27	5	24	9	23
14	17	28	30	20
15	11	17	10	7
18	9	30	27	12
10	21	21	14	15
22	3	18	26	6
7	29	22	28	30
19	19	23	13	5
26	7	19	11	21
23	15	26	29	14
6	5	27	24	22
3	23	25	12	13
11	13	20	15	29
30	27	29	25	28

Les tables numérotées de 1 à 7 de cette rubrique vous permettront de deviner l'âge exact de n'importe qui. Comment ? Demandez par exemple à Oncle Théophile de vous indiquer les numéros d'ordre (ils figurent au-dessous du cadre de chacun d'eux) des tableaux dans lesquels se trouvent le nombre de ses années. Ensuite additionnez le premier nombre, en haut et à gauche de chaque tableau indiqué.

2			3			4		
1	37	73	64	82	100	4	38	76
3	39	75	65	83	101	5	39	77
5	41	77	66	84	102	6	44	78
7	43	79	67	85	103	7	45	79
9	45	81	68	86	104	12	46	84
11	47	83	69	87	105	13	47	85
13	49	85	70	88	106	14	52	86
15	51	87	71	89	107	15	53	87
17	53	89	72	90		20	54	92
19	55	91	73	91		21	55	93
21	57	93	74	92		22	60	94
23	59	95	75	93		23	61	95
25	61	97	76	94		28	62	100
27	63	99	77	95		29	63	101
29	65	101	78	96		30	68	102
31	67	103	79	97		31	69	103
33	69	105	80	98		36	70	
35	71	107	81	99		37	71	

5			6			7		
8	42	76	32	49	98	16	49	82
9	43	77	33	50	99	17	50	83
10	44	78	34	51	100	18	51	84
11	45	79	35	52	101	19	52	85
12	46	88	36	53	102	20	53	86
13	47	89	37	54	103	21	54	87
14	56	90	38	55	104	22	55	88
15	57	91	39	56	105	23	56	89
24	58	92	40	57	106	24	57	90
25	59	93	41	58	107	25	58	91
26	60	94	42	59		26	59	92
27	61	95	43	60		27	60	93
28	62	104	44	61		28	61	94
29	63	105	45	62		29	62	95
30	72	106	46	63		30	63	
31	73	107	47	96		31	80	
40	74		48	97		48	81	
41	75							

C'est tout ! Exemple : 50 se retrouve dans les tableaux 1, 6 et 1 dont les premiers nombres sont respectivement 2, 32 et 16. Total : 50. C.Q.F.D. !

UNE PETITE ASTUCE

Dans la vie, il y a les circonstances où il faut faire preuve d'astuce. Porter un grand carton à dessin est généralement très incommode. Voici un truc très simple que vous conseille Donald, débrouillard à ses heures. Munissez-vous d'une ficelle assez longue pour ceinturer deux fois votre carton et nouez-en les deux bouts. Puis faites en sorte que les extrémités de vôtre boucle passent dans les angles du carton, comme indiqué sur l'illustration.

CHAMPIONS DE SAUT

Voici quelques champions dans leur catégorie :

puma .... 3,10 m
kangourou .... 2,70 m
impala .... 2,50 m
antilope .... 1,50 m
coyote .... 1,20 m
écureuil .... 0,90 m
rat-kangourou .... 0,45 m

CHAMPIONS DE VITESSE

Sur de brèves distances, certains mammifères peuvent atteindre des vélocités stupéfiantes alors que l'homme ne dépasse guère 36 km/h :

éléphant ...... 40 km/h
rhinocéros ... 45 km/h
loup .... 45 km/h
girafe .... 50 km/h
zèbre .... 65/70 km/h
lièvre .... 55/77 km/h
lion .... 80 km/h
gazelle .... 80 km/h
guépard ...... 104/110 km/h

CHAMPIONS DE VOL

Vitesse approximative de quelques oiseaux :

geai bleu	30 km/h
mouette	60 km/h
hibou	65 km/h
étourneau	80 km/h
oie du Canada	110 km/h
colibri	110 km/h
aigle impérial	160 km/h
faucon pèlerin	160 km/h

LA TOILETTE DU ROSIER

Quoi de plus agréable, pour agrémenter une table de travail ou une chambre, qu'un petit rosier en pot, qui fournira au printemps une ou plusieurs jolies fleurs ? Lors de la taille des plantes – généralement pratiquée en hiver – faites-vous donner par vos parents, ou par un de vos amis possédant un jardin planté de rosiers, un rameau provenant de cette taille. Réduisez-le sans crainte des quatre cinquièmes (par exemple, ramenez-le à 20 cm s'il mesure 1 m), en tranchant la tige juste au-dessus d'un œil. Taillez en biseau et de façon très nette, puis mettez en pot avec un peu de terreau. Ensuite, arrosez souvent et… armez-vous de patience !

COCKTAIL DE MINI-SANDWICHES

Préparer des sandwiches n'est pas une bien grande affaire. En préparer qui conjugueront le plaisir de la vue à celui de les déguster demande à peine un peu plus de mal. Voici comment vous y prendre. Procurez-vous du pain de mie déjà coupé en tranches. Faites-en des piles de cinq tranches bien alignées : vous aurez moins de mal à découper leurs bords et faire disparaître ainsi la croûte qui les entoure. Prenez ces tranches décroûtées et beurrez-les légèrement. Maintenant posez-les bien plat, une par une. Vous avez le choix entre les découper en quatre petits carrés en les tranchant par le milieu une fois dans le

sens vertical puis dans le sens horizontal ou d'en faire de petits triangles en les tranchant par le milieu, mais en diagonale cette fois. Pratiquez maintenant comme pour un sandwich ordinaire : déposez au choix du fromage, du thon, une rondelle d'œuf dur que vous disposerez sur une rondelle de tomate, du fromage blanc, des quarts de noix, etc. Déposez le tout aussi artistiquement que possible dans un plat et, avant de vous occuper de préparer les boissons fraîches, n'oubliez pas cette ultime précaution : déposez sur le plat un torchon propre légèrement humidifié. Grâce à quoi, en attendant l'arrivée de vos invités, vos mini-sandwiches ne se dessécheront pas !

LES JOIES DE L'AUTOMOBILE

L'automobile - qu'il ne faut pas confondre comme le font, hélas ! certains conducteurs maladroits, avec un bulldozer chasse-piétons ou un engin pour grimper aux arbres - est un moyen de locomotion pratique et confortable. L'achat d'une automobile ne soulève aucune difficulté : il suffit d'avoir l'argent et le tour est joué. Mais le fait d'être propriétaire d'une voiture ne donne pas le droit de la piloter. Encore faut-il posséder le permis de conduire. Celui-ci s'obtient en passant un examen à l'occasion duquel le candidat

doit démontrer qu'il a bien assimilé un certain nombre de données théoriques et pratiques. Moyennant quoi, il pourra à ses risques et périls commencer à circuler. Il apprendra bien vite que pour se rendre de la rue Tilante au boulevard Icelle, il lui faudra, à certains moments, trois fois plus de temps en voiture qu'à pied. Ensuite, avec un peu de chance, il trouvera presque toujours un endroit où garer son véhicule... dans un rayon d'un à deux kilomètres de sa destination.

Mais revenons à l'automobile. Elle se compose de deux parties : l'intérieur et l'extérieur. L'intérieur comprend notamment la roue de secours et le moteur. Ce dernier refuse de tourner s'il n'est pas alimenté en essence - un produit abondant, mais horriblement cher, que des dizaines de marques différentes vous proposent à grand renfort de publicité. L'extérieur porte également un autre nom : on l'appelle la carrosserie. Elle est protégée par les pare-chocs. Pour certains conducteurs dont la maladresse n'a d'égale que l'insouciance, les pare-chocs servent surtout à infliger des chocs aux voitures qui se trouvent garées immédiatement devant et derrière la leur. Seul le bruit qu'ils provoquent à cette occasion leur indique qu'ils ne peuvent pas aller plus loin en marche avant ou en marche arrière.

Toute automobile doit être munie de deux plaques d'immatriculation : l'une à l'avant et l'autre à l'arrière. Ces plaques portent des chiffres et des lettres correspondant au département où le véhicule est immatriculé. Si le véhicule se rend à l'étranger, il porte une autre plaque, indiquant son pays d'origine. Enfin il existe également des immatriculations particulières.

LE JEU DES ROIS

A première vue, ce jeu évoque le jeu de dames. Mais ce n'est qu'une impression. Première différence : il n'y a pas ici de cases noires. Rien que des blanches. Les seize pions dont dispose chacun des deux joueurs ne s'alignent pas au départ sur les deux dernières rangées : ils en laissent une de libre aux deux extrémités du « damier ». Ces pions se déplacent verticalement **et** horizontalement (mais jamais

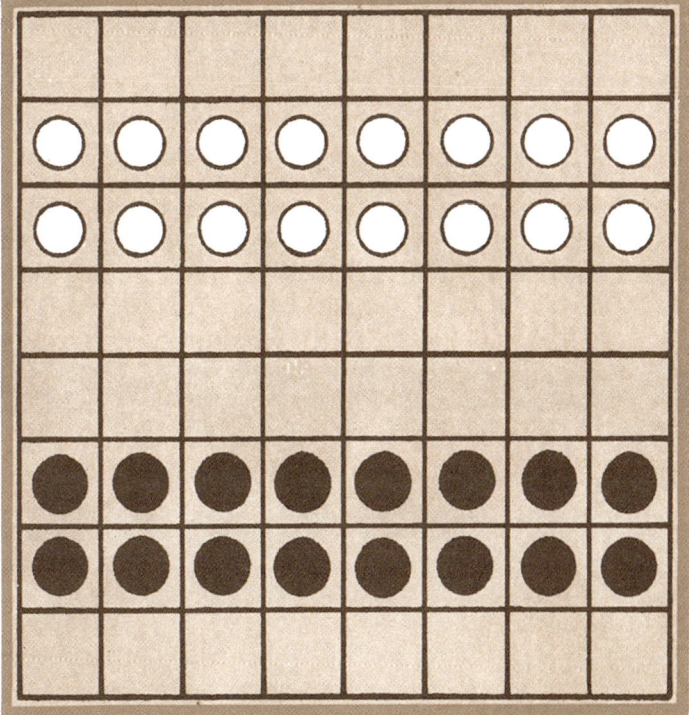

en diagonale) d'une case à la fois. Comme au jeu de dames, ils se « mangent » les uns les autres. Tout pion qui réussit à se faufiler jusqu'à la dernière des huit rangées de cases devient un roi. Il peut alors se déplacer, toujours horizontalement ou verticalement, en avant ou en arrière, d'autant de cases qu'il le désire et « manger » tout pion se trouvant sur sa trajectoire, à condition qu'il se trouve au moins une case libre derrière le pion en question.

Un pion ne peut pas « manger » un roi, mais un roi peut en « manger » un autre, si ce dernier n'est pas protégé par d'autres pions de son camp. Est proclamé vainqueur le joueur qui aura capturé toutes les pièces de son adversaire. A défaut – si, par exemple, deux rois viennent à se neutraliser – celui qui en a capturé le plus grand nombre.

CHIFFRES FANTAISISTES EN SÉRIE

La magie des chiffres présente parfois des aspects surprenants. Par exemple, essayez de multiplier 12 345 679 par 9. Vous trouverez inévitablement : 111 111 111. Multipliez le même nombre par 18 (9 x 2). Vous obtiendrez : 222 222 222. Mieux encore, multipliez-le par 27 (9 x 3), vous aurez : 333 333 333. Vous obtiendrez toujours une série de mêmes chiffres tant que vous emploierez des multiples de 9. Y compris 81 qui donnera : 999 999 999 999 !

SEL AU SOLEIL

Si vous passez vos vacances au bord de la Méditerranée - très chargée en sel - vous pourrez voir comment on obtient du sel dans les « salins » ou marais salants. Par un jour de grand soleil, rendez-vous de bonne heure sur la plage muni d'une assiette plate dans laquelle vous mettrez assez d'eau de mer pour en couvrir le fond sur un demi-centimètre d'épaisseur. Déposez ensuite l'assiette en un endroit bien ensoleillé et aéré et... armez-vous de patience. L'eau finira par s'évaporer et vous verrez des cristaux de sel se former sur les bords et au fond de l'assiette. Mais si vous avez décidé de pique-niquer sur la plage, servez-vous de votre salière : c'est plus pratique, plus rapide et préférable, car le sel marin brut doit subir des traitements purifiants avant d'être livré à la consommation.

PiiiiSTE !

Cet appel émane généralement d'un skieur dévalant une piste à toute allure et qui demande le passage. Il ne faut cependant pas oublier que la piste appartient à tout le monde, y compris aux novices. C'est pourquoi tout Castor Junior qui se respecte devra tenir compte de l'éventuelle inexpérience des autres. Il devra aussi, s'il veut se prétendre bon skieur, connaître parfaitement la signalisation internationale des pistes de ski dans les stations de sports d'hiver. Cette signalisation, la voici :

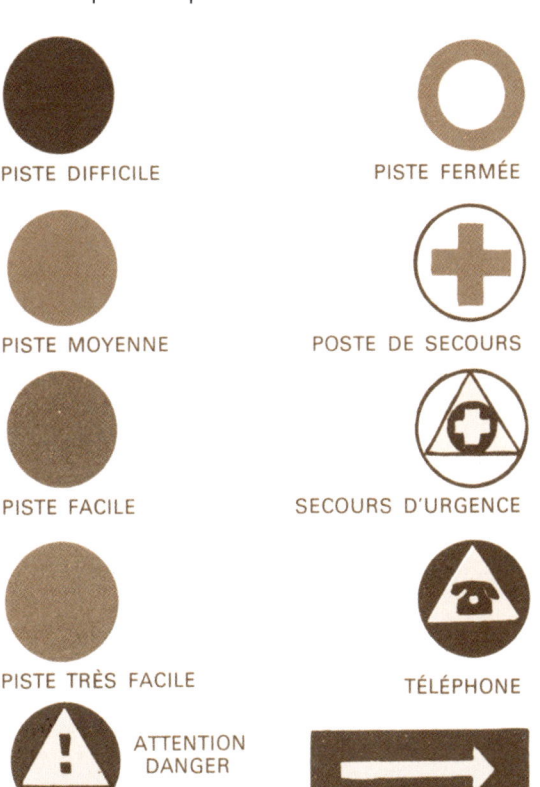

PISTE DIFFICILE

PISTE MOYENNE

PISTE FACILE

PISTE TRÈS FACILE

ATTENTION DANGER

PISTE FERMÉE

POSTE DE SECOURS

SECOURS D'URGENCE

TÉLÉPHONE

VOCABULAIRE HUGH

Hugh et Re-Hugh, Castors Juniors ! Préparons le calumet de la paix et tenons un beau palabre à la Peau-Rouge... Ce sera sûrement amusant... A condition de savoir s'exprimer aussi complètement que possible par gestes ! Voici le vocabulaire grâce auquel les tribus indiennes réussissaient à communiquer entre elles et à se comprendre, bien que leur langage fût différent.

MOI

TOI

HOMME

TOUS

VOIR

COMBATTRE

PEUREUX

ÉCOUTER

ALLER

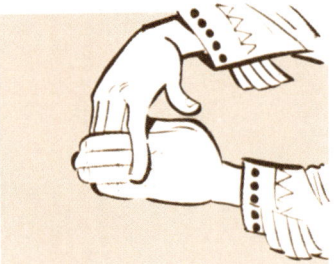

CHEVAL

OISEAU

FEU

BISON

INDIEN

LOUP

DORMIR

BON

TRAVAILLER

LE MEILLEUR MOYEN DE FAIRE DURER LES FLEURS COUPÉES

Rien de plus triste que le spectacle de fleurs prématurément fanées dans un vase. Bien sûr, quelle que soit l'ingéniosité d'un Castor Junior, les fleurs finiront toujours par se flétrir. Il est toutefois possible de retarder sensiblement ce moment fatal. Il suffit pour cela de prendre quelques dispositions qui prolongeront leur durée. En voici quelques-unes :

a) déposez dans le fond du vase un morceau de charbon de bois ou un comprimé d'aspirine ou encore une boule de camphre ou, à défaut, une cuiller de sel ou de sucre ;

b) si les fleurs commencent à se flétrir, plongez-les pendant une heure dans de l'eau tiède ;

c) changez l'eau chaque matin et raccourcissez les tiges d'un centimètre ;

d) le soir, et sans sortir les fleurs du vase, entourez-les d'une feuille de papier journal ;

e) les fleurs supportent mieux

les voyages lorsqu'elles sont entourées de papier et enfermées dans une boîte en carton.

LEVONS L'ANCRE

Il peut vous arriver de faire une promenade en mer, ou même une traversée. Dans ce cas, vous serez certainement curieux de connaître la signification de certains des principaux termes se rapportant à un navire ou aux divers éléments qui le composent.

Voici quelques-uns de ces termes marins :

BABORD : partie gauche du bateau pour quelqu'un qui se trouve face à l'avant. Ce terme sert aussi à indiquer la manœuvre du bâtiment : « A bâbord toute ! » signifie « La barre à gauche, toute ! » La droite est indiquée par le terme « TRIBORD ».

COUPÉE : ouverture pratiquée dans la coque du navire et à laquelle viennent s'adapter les marches ou les passerelles qui permettent aux passagers et à l'équipage, lorsque le bateau est à l'ancre ou à quai, de monter sur le bateau ou de gagner la terre ferme.

LIGNE DE FLOTTAISON : ligne séparant la partie immergée de la coque de la partie qui se trouve hors de l'eau lorsque le navire est â pleine charge. A noter que la partie de la coque qui se trouve immergée porte le nom de carène.

ROULIS : mouvement alternatif du navire de tribord à bâbord sous l'effet de vagues venant de côté.

TANGAGE : mouvement longitudinal d'un navire face à la houle. L'étrave monte et s'abaisse alternativement.

ÉCOUTILLE : ouverture pratiquée sur le pont d'un navire et permettant de pénétrer à l'intérieur.

CAMBUSE : emplacement du bateau où sont conservés le vin et les vivres.

MANCHE : gros tube de métal généralement recourbé au sommet et par lequel l'air frais arrive jusqu'aux parties basses à l'intérieur du navire.

MANŒUVRE : câble ou cordage, faisant partie intégrante de la mâture. On distingue les manœuvres dormantes, ou manœuvres fixes - les haubans par exemple - qui servent à maintenir les mâts sur le plan longitudinal et sur le plan latéral, et les manœuvres courantes. Ces dernières sont des cordages dont une extrémité seulement est fixe, tandis que l'autre peut être tirée soit directement soit par l'intermédiaire de treuils.

MURAILLE : mais oui, ce mot s'applique à un navire ! Il désigne l'ensemble des flancs du navire depuis la flottaison jusqu'au plat bord.

NŒUD : rapport espace-temps utilisé pour déterminer la vitesse horaire d'un navire, convertie en milles marins. Par extension - alors que le terme «nœud» s'applique à autant de nœuds espacés en principe de 15,43 m le long d'un cordage appelé loch, filant en une demi-minute - on admet par exemple que pour un navire, filer 30 nœuds signifie parcourir 30 milles marins. (1 852 m) en une heure, soit 55 560 mètres.

POUPE : partie arrière du navire où se trouvent le gouvernail et le pavillon du pays dont relève le bâtiment.

PROUE : partie avant du navire.

PASSERELLE DE COMMANDEMENT : poste avancé et surélevé où se tiennent le commandant du navire ou son second, ainsi que les officiers de navigation ou le timonier.

PONT : c'est en quelque sorte un étage du navire qui en comporte généralement plusieurs depuis le pont supérieur (tout en haut) et le pont-promenade, jusqu'aux ponts inférieurs situés parfois juste au-dessus de la ligne de flottaison.

SOUTE : point le plus profond du navire - situé bien au-dessous de la ligne de flottaison, où l'on entrepose généralement le combustible.

CALES : partie du navire située entre le pont inférieur et les soutes où l'on entrepose le fret.

LA SANTÉ A TABLE

Depuis quelques années, une nouvelle science a fait son apparition et s'est considérablement développée : la diététique. Elle ne vise pas uniquement à permettre aux champions de Conserver leur forme, mais à chacun d'entre nous de travailler, d'étudier ou de jouer dans les meilleures conditions physiques possibles

grâce à une alimentation rationnelle. Les tableaux qui suivent indiquent les besoins en calories et en vitamines, ainsi que la valeur énergétique des aliments.

BESOINS JOURNALIERS EN CALORIES SELON L'ÂGE

ÂGE	CALORIES
Enfant de 2 ans	1 000
Enfant de 6 ans	1 400
Enfant de 10 ans	2 000
Adolescent de 15 ans	3 200
Jeune homme de 20 ans	3 500
Homme adulte	3 000
Femme adulte	2 200
Personne âgée de 65 à 70 ans	2 000-2 500
Au-delà de 70 ans	1 800-2 200

TABLEAU SYNOPTIQUE DES VITAMINES

VITAMINES	ALIMENTS RICHES	LEURS PROPRIÉTÉS
VITAMINE A	Huile de foie de poisson - Beurre - Fromage - Légumes	Favorise la croissance - Protège les muqueuses
VITAMINE B 1	Germe de riz et de blé - Foie - Levure - Légumes	Facilite l'assimilation des graisses et sucres - Protège le système nerveux
VITAMINE B 2	Foie - Rognons - Œufs - Levure	Favorise le métabolisme des cellules
VITAMINE B 6	Germe de blé - Lait - Viande - Levure	Accélère l'assimilation des protéines
VITAMINE B 12	Foie - Rognons - Cœur - Crustacés	Favorise la croissance - Facilite la formation du sang - Protège les nerfs et les muscles
VITAMINE B C	Toutes les viandes - Tous les végétaux	Facilite la formation des protéines
VITAMINE P P	Foie - Rognons - Viande maigre - Levure	Favorise l'assimilation des graisses et sucres
VITAMINE H	Viandes et légumes	Accélère le renouvellement des protéines
ACIDE PANTOTHÉNIQUE	Tous les aliments	Favorise l'activité des cellules - Protège les surrénales - Anti-infectieux
VITAMINE C	Agrumes - Poivrons - Légumes	Excite la repiration cellulaire - Stimule les surrénales - Protège les vaisseaux sanguins
VITAMINE D	Huile de foie de poisson - Se forme dans les épidermes exposés aux rayons du soleil	Fixe le calcium et le phosphore des os
VITAMINE E	Légumes frais - Huile végétale	Facilite le travail chimique des cellules
VITAMINE K	Légumes - Huile végétale	Favorise la coagulation du sang

VALEUR CALORIFIQUE
POUR CENT GRAMMES D'ALIMENT

PAIN ET PATES	CALORIES
Pain	263
Pâtes	377
Gressins	373
Biscottes	411
Riz	362

VIANDES

Bœuf	218
Veau	94
Poulet	200
Poule	302
Dinde	145
Lapin	179
Jambon cru	502
Jambon cuit	422
Saucisson	472
Mortadelle	367
Saucisse	342
Tripes	78

POISSONS

Morue	107
Lotte	106
Merlan	74
Dorade	82
Saumon	143
Sardine	115
Sole	84
Thon	198
Rouget	113
Truite	88

LÉGUMES

Blettes	27
Artichauts	27
Chou-fleur	25
Haricots verts	35
Aubergines	24
Pommes de terre	83
Epinards	20
Courgettes	18

LAIT ET DÉRIVÉS

Lait de vache	65
Gorgonzola	355
Gruyère	385
Parmesan	339
Camembert	389
Port-salut	402
Brie	327
Fromage de chèvre	362
Fromage blanc	375

FRUITS

Abricots	51
Oranges	45
Cerises	61
Mandarines	44
Pommes	58
Melon	20
Noix	646
Poires	63
Pêches	46
Raisins	66

CONDIMENTS - ŒUFS

Beurre	716
Lard	775
Huile d'olive	891
Œuf (un)	81

LÉGUMES SECS

Haricots	338
Lentilles	337
Pois cassés	98
Pois chiches	320

DANS TOUTES LES LANGUES

Le but de ce Manuel est aussi de vous aider à communiquer avec des personnes d'autres pays qui naturellement parlent une langue différente de la vôtre. Nous n'avons pas la prétention de vous apprendre à déchiffrer des hiéroglyphes égyptiens ou l'écriture cunéiforme des Assyriens. Nous nous contentons de vous donner le moyen de vous faire comprendre lorsque, voyageant dans un pays étranger, vous avez besoin de telle ou telle chose ou d'un renseignement quelconque. Vous vous éviterez ainsi de nombreuses déconvenues, telle celle de Donald qui, dînant un soir dans un restaurant parisien et soucieux d'étrenner ses rudiments d'anglais, demanda du fromage et se vit apporter une chaise, faute de savoir bien prononcer le mot « cheese ». Voici donc un petit lexique en quatre langues avec lequel vous ferez le tour du monde.

FRANÇAIS	ITALIEN	ANGLAIS	ALLEMAND	ESPAGNOL
ATTACHEZ VOS CEINTURES				
Avion	aereo	plane	Flugzeug	avion
Aéroport	aeroporto	airport	Flughafen	aeropuerto
Billet	biglietto	ticket	Flugkarte	billete
Correspondance	coincidenza	connection	Anschluss	empalme, enlace
Décoller	decollare	to take off	abfliegen	despegar
Horaire	orario	time table	Flugplan	horario
Escale	scalo	landing	Landung	escala
EN CHEMIN DE FER				
Aller	andata	single ticket	Hinfahrt	ida
Bagages	bagagli	luggage	Gepäck	equipaje
Billet	biglietto	ticket	Fahrkarte	billete
Billet d'aller et retour	biglietto d'andata e ritorno	return ticket	Rückfahrkarte	billete de ida y vuelta
Voie	binario	track	Geleise	via
Changer	cambiare	to change	wechseln	cambiar

FRANÇAIS	ITALIEN	ANGLAIS	ALLEMAND	ESPAGNOL
Consigne	deposito (bagagli)	luggage room	Gepäckaufbewahrung	consigna
Porteur	facchino	porter	Gepäckträger	maletero
Chemin de fer	ferrovia	railway	Bahn	ferrocarril
Toilette	gabinetto	toilet	Toilette	retrete
Renseignements	informazione	information	Auskunft	información
Indicateur	orario (da consultare)	time table	Fahrplan	horario
Quai	marciapiede (di stazione)	platform	Bahnsteig	andén

ARRIVÉE A L'ÉTAPE

FRANÇAIS	ITALIEN	ANGLAIS	ALLEMAND	ESPAGNOL
Eau	acqua	water	Wasser	agua
Ascenseur	ascensore	elevator	Fahrstuhl	ascensor
Essuie-mains	asciugamano	towel	Handtuch	toalla
Salle de bain	bagno	bathroom	Badezimmer	baño
Chambre	camera	room	Zimmer	habitación
Chambre avec salle de bain	camera con bagno	room with bathroom	Zimmer mit Bad	habitación con baño
Femme de chambre	cameriera	chambermaid	Zimmermädchen	camarera

FRANÇAIS	ITALIEN	ANGLAIS	ALLEMAND	ESPAGNOL
Couverture	coperta	blanket	Decke	manta
Oreiller	guanciale	pillow	Kopfkissen	almohada
Laver	lavare	to wash	waschen	lavar
Drap	lenzuolo	sheet	Bettlaken	sábana
Lit	letto	bed	Bett	cama
Pourboire	mancia	tip	Trinkgeld	propina
Étage	piano	floor	Stockwerk	piso
Portier	portiere	concierge	Portier	portero
Chauffage	riscaldamento	heating	Heizung	calefacción

ALLO... ALLO... J'ÉCOUTE

FRANÇAIS	ITALIEN	ANGLAIS	ALLEMAND	ESPAGNOL
Qui est à l'appareil ?	con chi parlo ?	Who is speaking, please ?	Wer spricht ?	con quién hablo ?
Je voudrais parler à...	desidero parlare con...	please may I speak to...	Ich möchte mit... sprechen	deseo hablar con...
Annuaire du téléphone	elenco telefonico	telephone directory	Telephonbuch	guia telefónica
Allô !	pronto !	Hallo !	Hallo !	diga !
Téléphone public	telefono pubblico	public telephone	öffentliche Fernsprechstelle	teléfono público

FRANÇAIS	ITALIEN	ANGLAIS	ALLEMAND	ESPAGNOL
UN PETIT TOUR EN VILLE				
A droite	a destra	on the right	rechts	a la derecha
A gauche	a sinistra	on the left	links	a la izquierda
Autobus	autobus	bus	Autobus	autobus
Maison	casa	house	Haus	casa
Château	castello	castle	Schloss	castillo
Cathédrale	cattedrale	cathedral	Dom	catedral
Eglise	chiesa	church	Kirche	iglesia
Où est-ce ?	dov'é ?	where is it ?	wo ist es ?	donde está ?
Arrêt	fermata	stop	Haltestelle	parada
Tour de la ville	giro della città	tour of the town	Stadtrundfahrt	giro, excursión de la ciudad
Exposition	mostra, esposizione	exhibition	Ausstellung	exposición
Magasin	negozio	store	Kaufhaus	tienda
Pont	ponte	bridge	Brücke	puente
Port	porto	harbour	Hafen	puerto
Prochain arrêt	prossima fermata	next stop	nächste Haltestelle	próxima parada
Route	strada	road	Strasse	carretera
Rue	via	street	Strasse	calle

FRANÇAIS	ITALIEN	ANGLAIS	ALLEMAND	ESPAGNOL
SUR LA PLAGE : TOUS A LA MER !				
Barque	barca	boat	Boot	barca
Cabine de bains	cabina	bathing-hut	Kabine	cabina
Maillot de bain	costume da bagno	bathing-suit	Badeanzug	traje de baño
Croisière	crociera	cruise	Kreuzfahrt	crucero
Excursion	gita	trip	Ausflug	excursión
Débarcadère	imbarcadero	embarking	Einschiffungsort	embarcadero
Ile	isola	isle	Insel	isla
Lac	lago	lake	See	lago
Parasol	ombrellone	beach-umbrella	Sonnenschirm	sombrilla
Vague	onda	wave	Welle	ola
Mer	mare	sea	Meer	mar
Poisson	pesce	fish	Fisch	pez
Rivage	riva	shore	Ufer	orilla
Chaise longue	sdraio	deck-chair	Liegestuhl	tumbona
Plage	spiaggia	beach	Strand	playa
Bateau à vapeur	vaporetto	steam-boat	Dampfer	barco de vapor

FRANÇAIS	ITALIEN	ANGLAIS	ALLEMAND	ESPAGNOL
LE REPAS EST SERVI				
Hors-d'œuvre	antipasto	hors-d'œuvre	Vorspeise	entremeses
Rôti	arrosto	roast	Braten	asado
Verre	bicchiere	glass	Glas	vaso
Bifteck	bistecca	beefsteak	Beefsteak	biftec
Bouteille	bottiglia	bottle	Flasche	botella
Bouillon	brodo	broth	Brühe	caldo
Viande	carne	meat	Fleisch	carne
Couteau	coltello	knife	Messer	cuchillo
Cuiller	cucchiaio	spoon	Löffel	cuchara
Fourchette	forchetta	fork	Gabel	tenedor
Fromage	formaggio	cheese	Käse	queso
Fruits	frutta	fruit	Obst	fruta
Soupe, potage	minestra	soup	Suppe	sopa
Pain	pane	bread	Brot	pan
Assiette	piatto	dish	Teller	plato
Serviette	tovagliolo	napkin	Serviette	servilleta
Œuf	uovo	egg	Ei	huevo

FRANÇAIS	ITALIEN	ANGLAIS	ALLEMAND	ESPAGNOL
VISITE A LA PATISSERIE				
Orangeade	aranciata	orange juice	Orangenlimonade	naranjada
Biscuit	biscotto	biscuit	Zwieback	bizcocho
Garçon, monsieur	cameriere	waiter	Kellner, Ober	camarero
Glace (qu'on mange)	gelato	ice-cream	Eis	helado
Glace (pour rafraîchir)	ghiaccio	ice	Eis	hielo
Lait	latte	milk	Milch	leche
Citronnade	limonata	lemonade	Zitronenlimonade	limonada
Tarte	torta	cake	Torte	tarta
Sucre	zucchero	sugar	Zucker	azúcar
LETTRE A UN AMI				
Carte postale	cartolina postale	postcard	Postkarte	tarjeta postal
Boîte aux lettres	cassetta (delle lettere)	mail box	Briefkasten	buzón
Timbre	francobollo	stamp	Briefmarke	sello
Mettre à la boîte	impostare	to mail	einwerfen	echar en correos
Lettre	lettera	letter	Brief	carta
Par avion	per via aerea	by airmail	per Luftpost	por via aerea

LA DANSE DU SERPENT

Pour les Peaux-Rouges - comme du reste pour tous les peuples de la terre - la danse n'était pas à l'origine une distraction, mais uniquement un rite religieux qui obéissait à des normes rigoureuses et avait un but précis. Ainsi, on dansait avant la bataille pour invoquer la victoire et l'on dansait après la bataille pour célébrer la victoire. On dansait encore pour saluer le retour de la belle saison dispensatrice de nourriture pour les hommes et d'herbe pour les bisons ; on dansait pour fêter les adolescents qui devenaient adultes, pour célébrer un mariage, ou en dernier hommage à celui qui quittait cette terre pour les prairies du Grand Manitou. Certaines danses étaient relativement brèves ; d'autres, interminables, pouvaient durer des jours et des jours jusqu'à l'épuisement complet de tous les danseurs.

Une des plus importantes danses indiennes était la danse du Serpent, par laquelle les Indiens Hopi et d'autres tribus du Sud-Ouest invoquaient la pluie. Si, pour vous amuser, vous voulez la danser aussi, il vous faut être au moins six, l'un d'entre vous faisant fonction de « meneur ».

Celui-ci donnera le départ avec le pas « pointe du pied - talon » ; il décrira ainsi un grand cercle, suivi des autres qui se balanceront de droite à gauche. Du cercle on passera à la figure du « 8 » toujours avec des mouvements bien rythmés. De temps en temps le « meneur » changera de pas (tout comme dans nos marches de gymnastique). Un coup de tambour en indiquera le moment aux danseurs. Tantôt ils s'inclineront vers le sol, tantôt ils se courberont en arrière, tête levée vers le ciel. Ils mimeront la muette requête que la terre assoiffée adresse au Grand Esprit. Cette danse s'exécute à l'unisson. Elle est rythmée

par des coups de tambour et se termine au moment où, sur un signal donné, tous les danseurs en même temps se tournent vers les spectateurs et s'immobilisent au dernier coup de tambour. Et maintenant, dansez !

DIS-MOI COMMENT TU DORS...

Saviez-vous qu'en observant la position que prend une personne en dormant, on peut en déduire certains traits de caractère ?

En effet, pendant le sommeil, on pense que les gens prennent instinctivement une attitude qui correspond à leur vraie nature.

Voyons un peu ce qu'il en est. Les psychologues pensent que celui qui dort *un doigt dans la bouche* (ou avec un coin du drap ou le bord de l'oreiller entre les lèvres) a besoin d'être protégé comme lorsqu'il était petit enfant. La main devant la bouche caractérise la conscience de sa propre fragilité, la peur de ne pas savoir surmonter les obstacles, tempérée cependant par un certain optimisme.

SUR LE FLANC : c'est la position d'une personne normale, sûre de soi, active, qui recherche dans le sommeil réparateur, une recharge de l'énergie dépensée dans la journée.

SUR LE VENTRE, la tête sous l'oreiller : timidité, peur d'assumer des responsabilités. Désir d'accomplir de grandes choses, étouffé par la crainte de ne pas y arriver.

SUR LE DOS, les bras le tong du corps : caractère serein, aimant la justice et la sincérité, ayant de l'initiative, capable d'assumer toujours et partout sa propre responsabilité.

SUR LE DOS, les mains réunies sur la poitrine : caractère secret, éprouvant une certaine difficulté à se confier. Manque de confiance en soi et par conséquent besoin de l'approbation d'autrui.

LE LIT bien bordé, les couvertures tirées : crainte du jugement d'autrui, désir de passer inaperçu. Caractère généreux, altruiste jusqu'au sacrifice.

LIT en désordre, les draps enroulés dans les bras : caractère artistique, anticonformiste et ouvert. Capable de se sacrifier pour un idéal.

Enfin, voyons comment dorment certains de nos amis bien connus.

ONC'PICSOU : matelas rembourré de billets de banque, baldaquin doré, table de nuit en forme de coffre-fort, quatre canons autour du lit. Inutile de dire que lorsque les Rapetou sont en prison, onc'Picsou dort beaucoup mieux...

DONALD : sommeil agité par des rêves que hantent ses créanciers. Pendant sa sieste : sommeil souvent dérangé par le vacarme des neveux ou par la voix impérieuse d'onc'Picsou venant lui confier une mission délicate. Ah ! Ce n'est pas la belle vie !

DINGO : a remarqué que ses pieds dépassent du lit ! Souffre d'insomnie parce que tourmenté par le dilemme : allonger le lit ou se couper les pieds.

MICKEY : dort à côté de Pluto et Pluto dort à côté de Mickey. Naturellement, l'un est sur le lit et l'autre sur le tapis. Une fois, ils ont essayé d'échanger les places, mais Pluto n'a pas été satisfait car il regrettait les puces laissées sur le tapis.

ANNEAUX AUX CHEVILLES

Pour les cérémonies, les Peaux-Rouges se parent, de la tête aux pieds, de

complète devra comprendre deux ou trois rangs de cordons et ne jamais toucher

diadèmes, de colliers, de tatouages, de ceintures, de bracelets et enfilent des anneaux aux chevilles. Ces anneaux sont confectionnés avec du poil de bison ou de la fourrure d'angora. Mais si vous voulez jouer « aux Indiens », vous pouvez utiliser du cordonnet coloré. Coupez des morceaux de 25 cm, fixez-les en les nouant à un support - une lanière de cuir ou un lacet de chaussure, comme l'indique l'illustration ci-dessus. La garniture

le sol. Il ne vous reste plus qu'à entrer, ainsi paré, dans la danse du Serpent (voir page 96) !

QUE MANGENT LES ANIMAUX ?

Oui, au fait, que mangent-ils donc ? Cela dépend. Pour le tigre ou pour le requin par exemple, une belle cuisse d'explorateur représente un mets de choix. Par contre, l'éléphant ou la girafe ne lui accorderont aucun

intérêt gastronomique. C'est que certains animaux sont *carnivores*, ce qui signifie qu'ils se nourrissent uniquement de viande, tandis que d'autres sont *herbivores* et ne se nourrissent que d'herbe et de fruits ou de feuillages. D'autres enfin sont *omnivores* : la faim aidant, ils se repaissent de tout ce qui leur tombe sous la dent. Ceux-là feraient leurs délices d'un explorateur-pommes-frites-salade. Beaucoup d'animaux ne pourraient vivre sous nos latitudes car ils n'y trouveraient pas ce dont ils ont besoin pour s'alimenter. Lorsqu'ils sont prisonniers d'un zoo, l'homme se charge de leur fournir la nourriture qui leur convient.

Imaginez maintenant que l'on vous fasse cadeau d'un jeune rhinocéros, d'un crocodile ou d'une otarie. Vous serez très embarrassés si vous ne savez pas comment nourrir votre nouvel ami. Dans ce cas, consulter la page suivante...

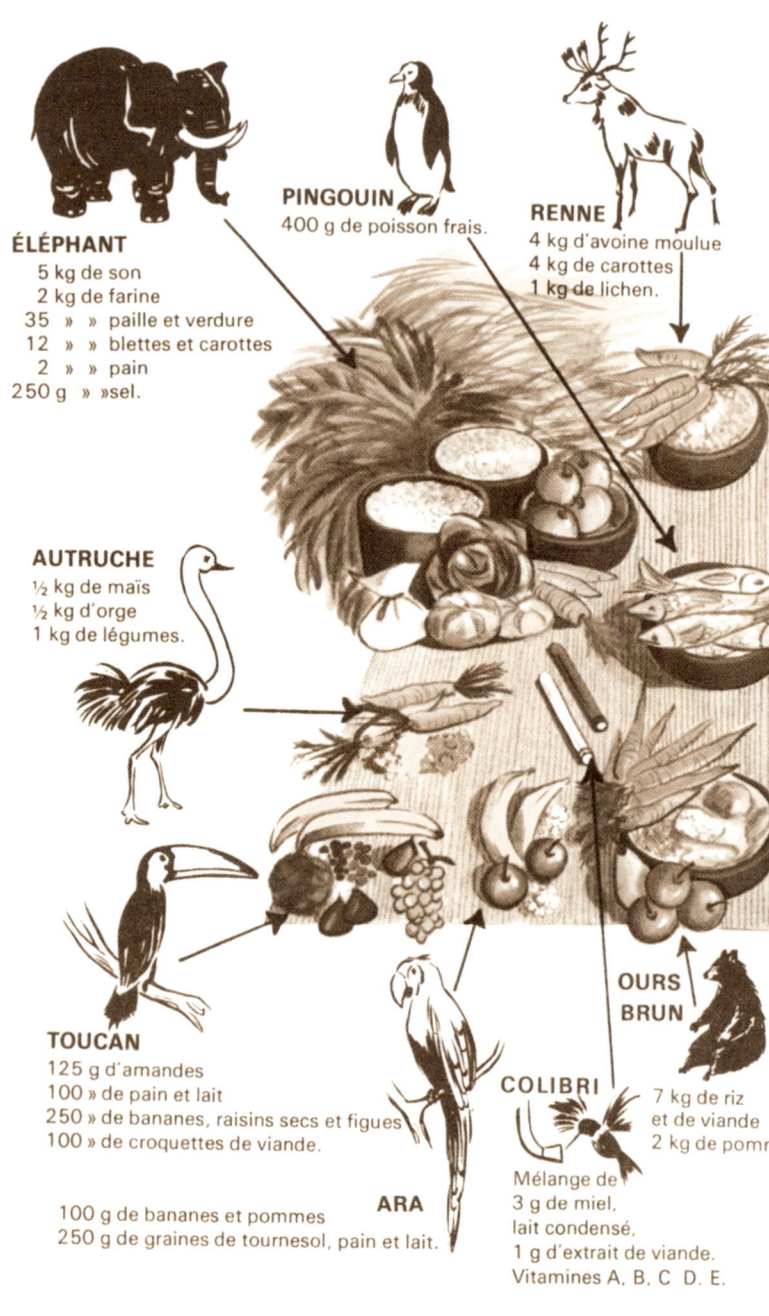

ÉLÉPHANT
  5 kg de son
  2 kg de farine
 35 » » paille et verdure
 12 » » blettes et carottes
  2 » » pain
250 g » »sel.

PINGOUIN
400 g de poisson frais.

RENNE
4 kg d'avoine moulue
4 kg de carottes
1 kg de lichen.

AUTRUCHE
½ kg de maïs
½ kg d'orge
1 kg de légumes.

TOUCAN
125 g d'amandes
100 » de pain et lait
250 » de bananes, raisins secs et figues
100 » de croquettes de viande.

ARA
100 g de bananes et pommes
250 g de graines de tournesol, pain et lait.

COLIBRI
Mélange de
3 g de miel,
lait condensé,
1 g d'extrait de viande.
Vitamines A, B, C D. E.

OURS BRUN
7 kg de riz
et de viande
2 kg de pomm

LE MENU AU ZOO

GIRAFE

1 kg d'avoine moulue
1 » de son
½ » de caroubes
3 » de verdure
12 » de paille
150 g de sel.

CROCODILE

1 kg de viande crue tous les 3 jours.

OTARIE

7 kg de poisson deux fois par semaine (en hiver, une dose d'huile de foie de morue).

PANGOLIN

Pain et lait
250 g de viande hachée mélangée avec un jaune d'œuf et 4 gouttes d'acide formique.

6 kg de côtes de cheval, (un jour par semaine il jeûne pour se tenir en forme).

LION

GORILLE

Déjeuner :
½ l de lait
1 kg de fruits
50 g de carottes
1 salade.

Petit déjeuner :
½ l de crème de riz au lait
150 g de carottes
1 kg de fruits
100 g de pain.

Dîner :
100 g de foie cru
400 g de céleri, oignons et carottes
1 œuf dur
3 kg de fruits
1 salade.

CASTORS JUDO

Le judo - sport qui dérive du jiu-jitsu - fut longtemps un art dont les règles étaient jalousement gardées secrètes par les Samouraï japonais. C'est maintenant un sport de défense qui compte des millions d'adeptes dans le monde. On peut le pratiquer dès le plus jeune âge mais il exige d'excellentes connaissances anatomiques et, aussi, une grande maîtrise de soi. C'est pourquoi il faut au moins quatre années de pratique suivie pour passer du niveau de l'élève, *kyu*, à celui du maître, *dan*, c'est-à-dire de la ceinture jaune à la ceinture noire, en passant par la bleue, l'orange et la marron. Quant aux super-champions, ils peuvent espérer devenir, c'est très difficile, « ceinture blanche » ou « ceinture rouge », tout au sommet de la hiérarchie.

TIMBRES ASTRONOMIQUES !

Bien que son invention ne soit pas très ancienne, le timbre-poste n'en possède pas moins une brillante histoire. C'est par dizaines de millions que se comptent ces collectionneurs passionnés de minuscules vignettes de toutes les couleurs que sont les philatélistes. Les plus fortunés d'entre eux sont propriétaires d'exemplaires dont la valeur donne le vertige à l'Onc'Picsou lui-même lorsqu'il y pense.

Le timbre postal a vu le jour pour la première fois en Angleterre en 1840. Il avait été imaginé par Rowland Hill, un administrateur britannique soucieux de réformer le service postal. Son idée allait rapidement conquérir le monde, à commencer par le canton de Zurich, en Suisse, qui l'adopta en 1843, puis les États-Unis, en 1847. La France n'allait s'y rallier qu'en 1848. Elle a compensé ce léger retard par une richesse dans les émissions que peu de pays au monde peuvent égaler.

Les premiers timbres étaient de simples vignettes carrées ou rectangulaires. Les dents n'ayant pas été inventées - elles ne devaient l'être qu'en 1847 par l'Irlandais Henry Archer - on séparait les timbres les uns des autres à l'aide de ciseaux. En revanche, l'idée d'enduire de colle le dos du timbre vint très vite : pratiquement dès l'émission, en 1840, des premières vignettes, et du célèbre *Penny Black*. Aujourd'hui, les timbres de cette époque atteignent des valeurs... astronomiques. Le plus coté d'entre eux est le *One-Penny Magenta*. Émis en Guyane britannique en 1856, il est estimé à quelque 50 millions d'anciens francs. Pour un rectangle de papier mesurant à peine plus d'un centimètre sur deux de côté... Le premier timbre « triangulaire » fut émis en 1853 au Cap, en Afrique du Sud. Plus tard, les vignettes les plus classiques allaient redevenir carrées.

Assez curieusement, c'est parfois une erreur commise dans l'impression et dont personne ne s'était aperçu jusqu'à l'a mise en vente, qui a donné à certains timbres une valeur exceptionnelle. C'est par exemple le cas du *Two-pence* de l'île Maurice, émis en 1848. Une erreur typographique a fait écrire sur cette vignette *Two-penoe* au lieu de *Two-pence*. Du coup, ce minuscule bout de papier qui ne valait à l'origine que quelques centimes, vaut aujourd'hui des centaines de milliers de francs actuels ! De l'avis des amateurs, le plus beau timbre jamais émis a été le *Trans-Mississippi*. Émis au prix d'un dollar en 1898 par les États-Unis pour célébrer l'achèvement d'une ligne de chemin de fer, ce timbre atteint aujourd'hui une grande valeur.
De même que le timbre spécialement émis par Terre-Neuve en 1919 pour célébrer la première liaison postale transatlantique.

Avec la multiplication des émissions de timbres-poste dans le monde sont apparus les premiers collectionneurs - les philatélistes. Bien vite, il apparut que la passion des timbres pouvait aboutir à autre chose qu'à une bonne connaissance de la géographie mondiale. Notamment à la fortune. Parmi les collectionneurs tes plus célèbres, il faut citer l'Autrichien Philip La Renotiere von Ferrari, dont la collection, vendue en 1917, atteignit 26 millions de francs de l'époque.

Il n'est jamais trop tard - ni trop tôt - pour commencer une collection. Si l'entreprise vous tente, suivez scrupuleusement ces quelques conseils :

1° Ne touchez jamais un timbre avec les doigts : vous finiriez par l'abîmer. Procurez-vous une pince à épiler ou un instrument similaire.

2° Pour décoller un timbre d'une carte ou d'une enveloppe, découpez aux ciseaux l'emplacement sur lequel il est collé et plongez le tout quelques instants dans l'eau.

3° Une fois le timbre décollé, posez-le sur un papier-buvard et glissez l'ensemble entre les pages d'un livre ; après quelque temps, rangez-le dans un album spécial.

Et n'oubliez pas qu'à moins d'être milliardaire et de pouvoir vous offrir d'un coup des centaines de timbres rares, la philatélie est une longue patience.

LE CRISTAL CHANTE

Une simple coupe en cristal peut faire un bruit considérable. Par exemple si vous la laissez tomber sur le sol ! Au bruit de la chute et de la fragmentation du verre s'ajouteront alors, pour peu que vous choisissiez bien votre moment, les « félicitations » - pas toujours très harmonieuses en pareil cas - de votre mère. Il y a mieux à faire pourtant, car le cristal peut donner une musique très agréable.

Voici comment :

Remplissez d'eau une coupe, presque à ras bord. D'une main, tenez son pied fermement appuyé sur la table. Mouillez bien le majeur

de votre autre main et, doucement, sans trop appuyer, passez-le régulièrement sur le rebord du récipient. Peu après, l'eau entrera en résonance et fera émettre à la coupe un son continu qui peut être très harmonieux. En variant le niveau de remplissage du récipient, la sonorité émise sera différente. Si vous croyez posséder des aptitudes musicales, vous pouvez aller plus loin encore. Par exemple, rassemblez quelques amis. Pour peu que vous disposiez de plusieurs coupes diversement remplies, vous pourrez organiser de véritables concerts. Chaque « musicien » pouvant s'occuper de quatre ou cinq coupes, il suffira de trois personnes pour constituer un véritable orchestre. Mais attention à la casse !

SACHEZ « HABILLER » VOS LIVRES

Découpez dans du carton fort deux panneaux de dimensions légèrement supérieures à la couverture du livre à « habiller ». Prenez d'autre part un morceau de toile forte, de la couleur de votre choix. Étendez de la colle de pâte sur les cartons et collez-les sur la toile bien tendue, en ayant soin de laisser libre un espace suffisant pour le dos du livre. Collez maintenant une nouvelle bande de toile sur le dos en faisant en sorte qu'elle adhère bien sur les bords de chacun des deux cartons. Repliez bien la toile à l'intérieur des feuilles de carton et collez-la soigneusement. Découpez ensuite deux morceaux de toile de dimensions légèrement inférieures à celles des cartons et collez-les de façon à bien recouvrir les « raccords » du dos. Terminé ? Pas encore. Disposez maintenant votre livre relié sous deux gros volumes qui le presseront fortement. Laissez sécher au moins une nuit entière. Ce n'est qu'après séchage complet que votre reliure est tout à fait prête. Si vous vous sentez en veine de dons artistiques, vous pourrez par la suite décorer cette reliure de motifs à votre goût.

MICKEY A TRAVERS LE MONDE

Il est connu dans presque tous les pays du monde, mais chacun lui a donné un nom différent. Vous les trouverez ci-dessous :

Allemagne	: MICKY MAUS
Argentine	: RATON MICKEY
Australie	: MICKEY MOUSE
Brésil	: MICKEY
Colombie	: RATON MIGUELITO
Danemark	: MICKEY MOUSE
Espagne	: RATON MICKEY
Finlande	: MIKKI
Grèce	: ΜΙ ΚΙ ΜΑΟΥΣ
Italie	: TOPOLINO
Japon	: 和路迪斯尼
Norvège	: MIKKE MUS
Royaume-Uni	: MICKEY MOUSE
Suède	: MUSSE PIGG
USA	: MICKEY MOUSE

LA MER ET SA FORCE...

Qu'elle soit toujours présente au bord du rivage, comme en Méditerranée, ou que la marée l'entraîne parfois fort loin de la plage, comme dans la Manche, la mer offre toujours un spectacle fascinant. Mais le marin averti sait qu'il ne faut jamais se fier à ses airs engageants. Une mer d'huile a tôt fait de piquer une colère et de mettre en danger l'amateur de voile ou d'excursions en bateau à moteur assez imprudent pour ne pas écouter les bulletins météorologiques avant d'organiser une sortie. Il reste que, moyennant quelques précautions élémentaires, et l'observation stricte des règlements de sécurité, la mer dispense des joies merveilleuses à ceux qui savent avoir pour elle le respect qu'elle doit obligatoirement inspirer. Voyez ci-contre les différents états de la mer. Ajoutons, pour ceux que cela intéresse, que la mer fait partie intégrante des pays qu'elle baigne jusqu'à une distance qui s'échelonne de 6 à 18 milles marins des côtes.

FORCE	ÉTAT DE LA MER	HAUTEUR DES VAGUES	TYPE DE VAGUES
0	très calme		
1	calme	jusqu'à 0,30 m	faibles, arrondies
2	bonne	0,30 — 0,60 m	petites vagues
3	creuse	0,60 — 1,20 m	vagues plus longues, quelques moutons
4	houleuse	1,20 — 2,40 m	hautes, longues
5	agitée	2,40 — 4 m	longues, sèches, écrêtées
6	très agitée	4 — 6 m	fortes, écumantes
7	grosse	6 — 9 m	très hautes, accompagnées d'un vent violent et d'embruns
8	furieuse	9 — 13 m	longues, impressionnantes, fumantes
9	déchaînée	plus de 13 m	extrêmement puissantes, accompagnées d'embruns réduisant fortement la visibilité

NE PERDONS PAS LE NORD !

En excursion à la campagne ou dans la forêt, un Castor Junior n'a pas le droit de ne pas savoir s'orienter. Le plus simple, pour ne pas perdre le nord, est par conséquent de se munir d'une boussole dès lors qu'il est question de s'aventurer en des lieux inconnus ou simplement mal connus. Encore faut-il savoir se servir de cet instrument.

SIPHONNONS !

Vous désirez transférer un liquide d'un récipient encombrant, lourd, dans un autre plus petit - de l'eau d'une bassine dans une bouteille, par exemple. Rien de plus simple. Munissez-vous d'une longueur de tube en caoutchouc ou en matière plastique de faible diamètre. Plongez dans le gros récipient la plus grande longueur possible de tube puis pincez fortement entre vos doigts l'autre extrémité. Abaissez d'un geste rapide cette extrémité vers le deuxième récipient, lequel devra se trouver plus bas que l'autre. Desserrez vos doigts. Avec un peu de chance, le liquide coulera tout seul, par siphonage. Sinon, toujours en vous tenant aussi bas que possible par rapport au réservoir, aspirez à très petites gorgées : le liquide s'écoulera ensuite tout seul.

PLOUF ! BOF... GLOUB ! GRRR ?

Qui donc a inventé les onomatopées qui accompagnent les aventures de Donald ou de Mickey et autres héros ? Personne !

Bien entendu, vous disposez d'une carte. Supposons que, vous trouvant au point A, vous désiriez vous rendre au point B. La carte porte toujours l'indication du nord. Étalez la carte et disposez-la de façon que la ligne indiquant le nord soit parallèle à l'aiguille de la boussole. Vous savez maintenant où se trouve le point B par rapport au nord et la direc-tion à prendre pour l'atteindre. Et maintenant, bonne route !

Voici en tout cas un petit lexique de base que vous pourrez compléter à votre guise.

CRAC : fracasser.
PLOUF : plonger.
BOU... : sangloter.
PAN ! BANG : coups de feu.
ZIP-SVIIISSS : une balle qui siffle.
GLOP : avaler.
GLOUB : suffoquer.
DRRRING : téléphone ou sonnette.
CROC : croquer.
SCRIIIK : freiner à mort.
BAOUM : explosion.
VRROARR : vrombissement.
MIAM-MIAM : manger (c'est bon !).
BZZITT : filer en quatrième vitesse.
CLAP CLAP : applaudir.
BLANG : casser une porte.
PAF POF : gifle ou coup de poing.
BING : crochet du gauche.
HUM : être embarrassé.
GRRR : intraduisible.
BONG : coup d'assommoir.
BOING : émotion trop forte.
SBRANG : voiture qui se désintègre.
UIIII : sirène de la police.
VLAN : porte refermée brutalement.
OUAC : cri de détresse de Donald.
GULP : intraduisible.
ZZZ... RRR... : dormir à poings fermés (Dingo).

TIR AU VOL

Ce jeu se pratique à plusieurs sur un espace libre – une plage, un peu à l'écart des baigneurs par exemple. Procurez-vous cinq balles en caoutchouc et cinq assiettes en matière plastique (à la rigueur, cinq rondelles en carton d'emballage de 25-30 cm de diamètre). Un des joueurs lance les assiettes verticalement en l'air, à intervalles réguliers. L'autre, placé sur une ligne tracée sur le sol à six ou huit pas de là, et muni des cinq balles, cherche à atteindre les assiettes en plein vol à l'aide de ses projectiles.

Chaque assiette – ou rondelle – atteinte vaut dix points à l'auteur de ce tir au but, le vainqueur de la partie est celui qui aura marqué le plus de points. Bien entendu, le lanceur d'assiette sera remplacé au moment voulu par un tireur. Conseil utile : ne cherchez pas à remplacer les assiettes en matière plastique par de **vraies** assiettes. Le jeu serait plus spectaculaire, mais vos parents n'apprécieraient pas. De même, interdiction d'utiliser d'autres projectiles qu'une balle en caoutchouc.

PRUDENCE, MÈRE DE SURETÉ

Ce vieil adage n'est jamais aussi vrai qu'en vacances, en particulier lorsque l'on compte camper. Voici quelques principes de base à observer scrupuleusement si vous ne voulez pas que vos vacances en plein air s'accompagnent de suites fâcheuses :

- Assurez-vous toujours, avant de boire (à une fontaine, à une source), qu'il s'agit d'eau potable. En cas de doute, préférez votre bouteille d'eau minérale ;
- Ne cédez pas à la tentation de déguster des coquillages ramassés n'importe où au bord de la mer : ils peuvent être pollués. N'oubliez pas que, pour être aseptisant, le jus de citron est inefficace contre le virus de l'hépatite ;
- Lavez soigneusement et, mieux, faites cuire les légumes avant de les consommer ;
- Épluchez soigneusement les fruits commes les pêches, les pommes ou les poires ;
- En particulier, par les fortes chaleurs, donnez la préférence à des glaces produites par des firmes spécialisées et à la réputation confirmée ;
- Déclarez la guerre aux mouches : elles peuvent être porteuses de virus ;
- En camping, surtout, observez la plus stricte hygiène personnelle.

LA TROUSSE À OUTILS DU CRUCIVERBISTE

On trouverait difficilement aujourd'hui une publication destinée au grand public, qui ne propose pas à ses lecteurs une grille de mots croisés.

S'attaquer à ce genre de sport constitue un excellent exercice pour développer la mémoire et le vocabulaire. A moins que vous ne soyez déjà un champion de la spécialité - et encore ! - vous trouverez plus aisément la solution des mots croisés les plus élaborés si vous vous équipez de l'attirail suivant : un bon dictionnaire des synonymes, un autre des rimes, une encyclopédie, un atlas…

LES SECRETS DES GRILLES

Voici quelques « trucs » qui vous aiderons dans vos activités cruciverbistes :

1) En règle générale vous avez intérêt à partir par la case du bas à droite, la « clé » du mot croisé s'y trouve souvent.

2) De même commencez par les mots les plus brefs : ils vous préparent à la réflexion sans vous causer une crise de nerfs.

3) Cherchez d'emblée les définitions simples et évidentes.

4) Ne vous braquez pas sur un mot vertical ou horizontal : changez de sens.

5) Aucune loi n'interdisant les mots à double sens ou les définitions extravagantes, sortez, s'il le faut, du pur classicisme.

6) En règle générale, les finales de pluriels sont toujours des s ou des x : c'est toujours une lettre de trouvée.

7) Votre « prof » de français n'acceptera jamais une grille, aussi bien remplie soit-elle, à la place d'une dissertation. Commencez par cette dernière...

LE BON PAS

Une excursion pédestre peut être la plus agréable des détentes... A condition de ne pas se trouver à bout de souffle après vingt minutes de marche. Apprenez, par conséquent, à connaître la cadence qui vous convient le mieux. S'il s'agit d'une excursion préalablement définie sur une carte, comptez couvrir cinq kilomètres à l'heure par terrain normal, quatre seulement si le terrain est moyennement accidenté et trois et demi si vous devez porter un poid (un sac, par exemple). Parlez peu en marchant et respirez par le nez autant que possible. Prévoyiez une halte de dix minutes par heure de marche

et alimentez-vous convenablement. Un vieil adage veut qu'on s'alimente pendant la montée et que l'on boive pendant une descente. Par grand soleil, sucez de temps en temps un citron, humidifiez régulièrement votre visage et votre nuque. Un mouchoir retenu sur la nuque par votre couvre-chef est une bonne précaution. Enfin, n'oubliez jamais qu'une fois atteint le but de l'excursion, il faudra retourner. Fixez donc ce but en fonction de vos aptitudes de marcheur afin de ne pas avoir à revenir sur les épaules d'un camarade !

GARE AUX OURSINS

Au bord de la mer, les fonds rocheux offrent souvent à la vue de féériques spectacles avec leurs jardins d'algues de plusieurs espèces. On peut les admirer à l'aide d'un masque de plongée ou, si l'on est bricoleur (et que l'on n'aime pas mettre la tête sous l'eau), en se servant d'une caissette dont le fond a été découpé et remplacé par une plaque de verre hermétique ajustée. Mais alors, gare aux oursins, traîtreusement cachés parmi la végétation ! Le meilleur moyen de se prémunir contre leurs douloureux piquants pendant l'exploration, c'est de se chausser de légères sandales en caoutchouc ou en plastique.

LA DISTANCE... A DISTANCE

Savez-vous pourquoi les distances paraissent plus courtes en rase campagne qu'à la ville ? Parce que l'air n'y est pas pollué par des fumées et des poussières. Les objets paraissent plus nets et leurs contours mieux dessinés. Résultat : ils semblent plus rapprochés. C'est encore plus vrai en mer ou sur un champ de neige. Assez paradoxalement, une maison semblera plus éloignée qu'elle ne l'est en réalité si elle se trouve de l'autre côté d'une vallée. Si vous voulez vous exercer à apprécier les distances, commencez par étalonner votre vision en observant des objets rapprochés puis de plus en plus éloignés. A titre d'indication, sachez qu'avec une vue normale, à 50 m vous apercevez les yeux et la bouche d'une personne, à 200 m les boutons brillants d'un uniforme ; à 400 m vous pouvez distinguer les mouvements des jambes. Vous avez un doute ? Essayez donc, pour... voir !

DÉBOUCHEZ SANS DOULEUR !

Rien de plus simple que de dévisser le bouchon d'un tube - de dentifrice par exemple ? Voire. Dans ta plupart des cas l'opération se passe bien. Dans d'autres, cela peut tourner au cauchemar. Demandez plutôt à Donald, ci-dessous, ce qu'il en pense ! Si vous avez des difficultés voici ce qu'il faut faire : 1° essayez avec un chiffon ; 2° recourez au casse-noix. Si le résultat reste nul, passez l'extrémité du tube à l'eau bouillante : la dilatation vous aidera à dévisser le bouchon. Enfin, dernier recours si tout ce qui précède a échoué : la flamme d'une allumette passée sous le bouchon. Mais attention : vérifiez bien que le tube ne contient pas un produit inflammable ! Ce dernier procédé est valable pour les bouteilles en plastique : chauffez le col de la bouteille et le bouchon viendra. Assurez-vous que le récipient ne contient pas de produit inflammable.

LE COQUIBOUQUET

Il n'est pas difficile de se procurer, sur une plage, une collection de coquillages de formes et de couleurs différentes. Rapportez ces coquillages chez vous. Lavez-les soigneusement et faites-en un assortiment varié. A l'aide d'un ruban adhésif, fixez-les de place en place sur un fil de fer préalablement peint en vert, qui servira de support. Entre deux coquillages, fixez de plus petites fleurs séchées. Plusieurs tiges de ce genre constitueront un bouquet des plus originaux.

OISEAUX, ŒUFS ET... OMELETTES

Grand sportif à ses heures, Donald compte beaucoup sur les œufs pour lui donner des forces. Il a raison. L'œuf possède une grande valeur nutritive. Lorsqu'il n'est pas en chocolat, il peut remplacer la viande : deux œufs équivalent à 350 g de lait ou à un bifteck de 110 g. Deux œufs de poule bien entendu. Car il existe une infinité d'œufs. Pratiquement chaque espèce d'oiseau possède sa propre variété. Au point que l'ornithologiste peut identifier le propriétaire d'un nid rien qu'à voir les œufs qu'il contient. Pour mieux vous en convaincre, tournez la page !

ESPÈCES	NOMBRE D'ŒUFS PAR COUVÉE	NOMBRE DE COUVÉES PAR AN	COULEUR DES ŒUFS	COUVAISON
Albatros	1-2	1	blanc	77-80 j.
Merle	4-5	2-3	verdâtre	15
Outarde	3-4	1-2	blanchâtre tacheté	21
Foulque	6-9	2-3	gris-beige	23
Cormoran	3-4	1-2	bleu pâle	28
Tourterelle	1-3	2	blanc	14
Cane domestique	4-10	1	vert grisâtre	28
Cane sauvage	7-14	1-2	verdâtre	26
Aigle	1-3	1	blanc taché de rouge	42
Faucon	3-4	1	blanc à taches sombres	29
Flamant	2	1	blanc crayeux	32
Chardonneret	5-6	2-3	blanc taché de sombre	14
Oie sauvage	3-7	1	blanchâtre	28
Loriot	5-8	1	jaunâtre à taches sombres	26
Mouette	2-4	1	vert olive à taches sombres	26
Héron	3-5	1-2	vert bleuâtre	28
Corneille	4-6	1	verdâtre à taches sombres	18
Martin-pêcheur	2-7	2	blanc brillant	20
Vanneau	3-5	1	verdâtre à taches sombres	28
Alouette	3-4	2-3	jaunâtre à taches sombres	12

ESPÈCES	NOMBRE D'ŒUFS PAR COUVÉE	NOMBRE DE COUVÉES PAR AN	COULEUR DES ŒUFS	COUVAISON
Pie	5-8	1	verdâtre à taches sombres	18
Rossignol	4-5	1	vert brunâtre	14
Chouca	2	2	blanc à taches sombres	18
Autruche	12-15	1	blanc-ivoire	45
Hibou-Chouette	4-6	1-2	blanc	32
Perdrix	10-16	1	jaunâtre tacheté	24
Faisane	8-15	1	vert olive	25
Pluvier	3-4	1	jaunâtre à taches sombres	28
Caille	7-12	1-2	marron à taches sombres	20
Rouge-gorge	5-6	2	jaunâtre à taches sombres	14
Bécassine	3-5	1-2	jaunâtre à taches sombres	20
Épervier	4-5	1	blanc à taches rouges	35
Étourneau	5-7	1-2	bleuâtre	13
Cigogne	3-5	1	blanc	30
Hirondelle	4-5	2-3	blanc avec ou sans taches	15
Martinet	2-4	1	blanc	20
Grive	4-5	2-3	blanc verdâtre	14
Vautour	1	1	blanc	51
Bécasse	3-5	2	sombre à taches rouges	21
Pivert	5-7	1	blanc	18
Pigeon ramier	1-3	3	blanc	17

TRÉSORS DANS LES ROCHERS

Le sommet de la plupart des montagnes que nous connaissons aujourd'hui se trouvait jadis au fond des mers. C'est pourquoi il n'est pas rare d'y découvrir des coquillages fossilisés. Si vous vous rendez dans les

Dolomites, par exemple, vous pourrez ramasser des *ammonites*, une espèce de coquillage vieille de millions d'années. Faites-vous indiquer par un spécialiste les zones les plus riches en fossiles et, dès votre arrivée sur place, examinez attentivement les rochers. L'ammonite une fois localisée, essayez de l'isoler en vous servant d'un petit marteau et d'une fine tige d'acier. Agissez avec le plus grand soin car il s'agit de « trésors » très fragiles. Prenez soin de fixer une étiquette sur chaque fossile découvert de façon à pouvoir ensuite y inscrire son nom et sa provenance.

DES MÛRES BIEN MÛRES

... Ne, dites pas surtout que... vous préférez « les fruits pas mûrs... » Vous seriez hors du sujet. En effet, nous parlons ici des mûres, ces baies savoureuses qui poussent en toute liberté sur les ronces des haies de nos campagnes. Mais attention : il ne faut les cueillir que bien noires ! Assurez-vous aussi qu'aucune guêpe un peu susceptible ne folâtre aux environs et que la terre et les cailloux sur lesquels vous prenez appui soient stables. En vous penchant pour ramasser les fruits, vous pourriez perdre l'équilibre et choir dans les ronces ! Enfin, méfiez- vous des épines ! Ultime recommandation. N'attrapez pas une indigestion de mûres. Goûtez-en, mais pensez à en ramener à la maison pour en offrir à vos parents.

SOYEZ LETTRÉ !

L'usage de marquer les livres, objets ou messages aux initiales de leur propriétaire ou expéditeur se perd dans la nuit des temps. Ce fut longtemps un art qui connut ses lettres de noblesse. Ces chiffres s'appellent monogrammes et chacun de nous peut créer son monogramme personnel, soit en suivant les modèles que nous vous indiquons, soit en donnant libre cours à sa fantaisie calligraphique. L'essentiel - et le plus difficile - est d'harmoniser les initiales entre elles. Lorsque vous aurez composé votre monogramme ou choisi sur nos pages celui qui conviendra le mieux à votre personnalité, vous pourrez le faire reproduire sur votre papier à lettres : ainsi vous sentirez-vous lettré !

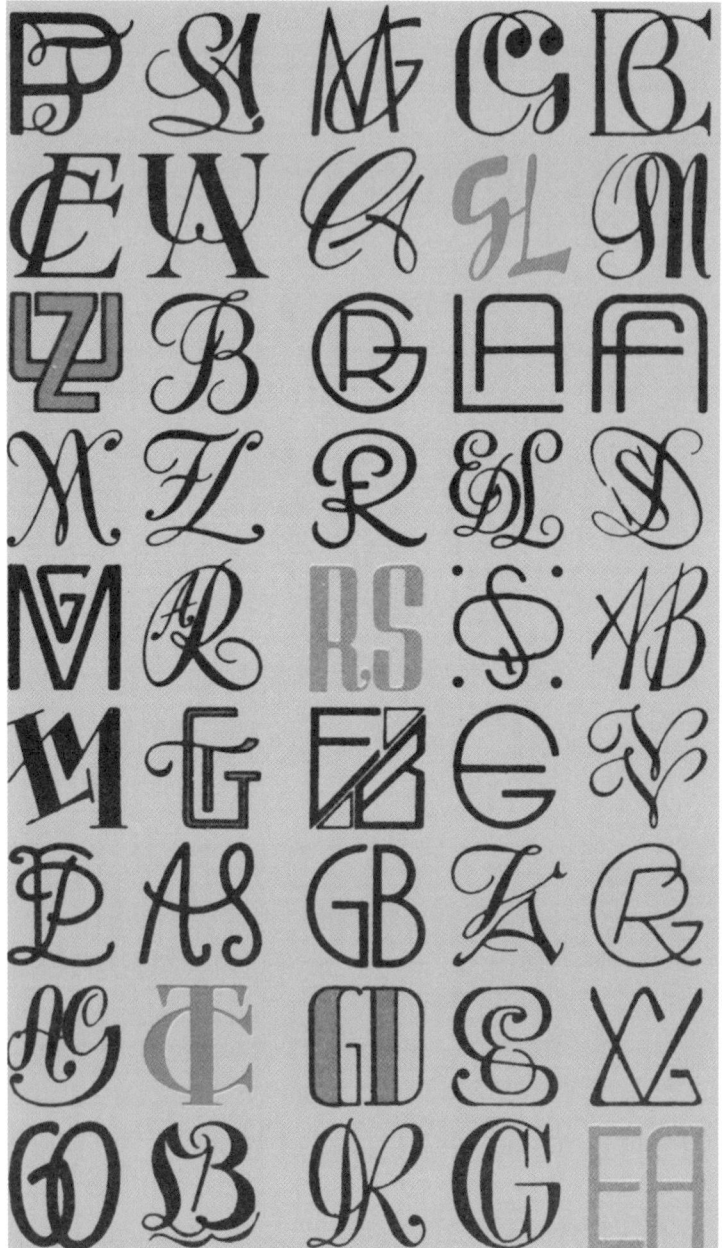

FIGURE 1

FIGURE 2

FIGURE 3

UNE CASSEROLE EN PAPIER...

… dans laquelle vous pourriez faire bouillir de l'eau ! Incroyable, non ? Essayez donc Castors Juniors ! Prenez une quelconque feuille de papier à lettres et pliez-la comme indiqué sur la fig. 1. Fixez à l'aide d'une épingle les pliures sur les côtés courts (fig. 2) ; l'anse vous sera fournie par un fil ou un cordonnet que vous ferez passer entre les épingles. Vous avez à présent un récipient. Remplissez-le d'eau et exposez-le à la flamme d'un petit réchaud à alcool ou d'une bougie (fig. 3). Si vous la tenez juste un peu au-dessus de la flamme, cette mini casserole en papier ne brûlera pas, car l'eau en chauffant absorbe toute la chaleur. Cela durera tant que l'eau ne sera pas entièrement évaporée. Ensuite... eh bien, mieux vaut ne pas insister !

PLANTONS LA TENTE

Planter sa tente, tel est le premier souci de tout Castor Junior qui part pour camper. Si tel est votre cas, vous

n'accorderez jamais assez d'attention à cette tâche. Avant toute chose, choisissez un terrain plat. Jamais tout près d'un cours d'eau, ni au fond d'une vallée, ni en un endroit trop exposé au vent. Une fois que vous aurez trouvé l'endroit idéal, suivez cet ordre de marche : 1) nettoyez le terrain avec soin ; 2) déployez la tente sur le sol ; 3) dressez les supports principaux et fixez-les ; 4) enfoncez en terre les piquets de fixation (fig. 1-A) ; 5) serrez bien la corde autour des piquets consolidés, si le terrain est friable, par une pierre (fig. 2-B) ou autour d'un morceau de bois (A de la même fig.) et tirez la toile ; 6) tendez bien les cordages postérieurs et antérieurs ;

FIGURE 1

7) plantez les piquets intérieurs et fixez les bords inférieurs de la tente ; 8) creusez une rigole tout autour de la tente : elle permettra éventuellement l'écoulement de l'eau de

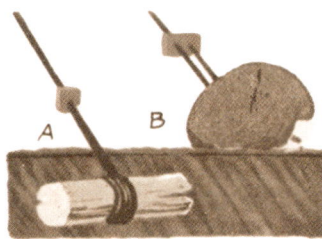

FIGURE 2

FIGURE 3

pluie ; fixez les bords inférieurs de la toile avec de la terre : cela évitera les infiltrations d'eau et d'animaux et les courants d'air (fig. 3). Ultime recommandation : n'allumez jamais de feu de bois dans les environs immédiats de la tente.

TROUVEZ LA MESURE !

« Un homme de cinq pieds et neuf pouces »... Oh ! là là ! Serait-ce un monstre ? Non, il s'agit tout simplement d'un individu dont la taille est mesurée selon le système anglo-saxon, très différent de notre système métrique décimal.

En effet, les Anglo-Saxons calculent en pouces au lieu de centimètres et en pieds au lieu de mètres. En traduisant notre exemple, nous trouvons un sujet d'une taille tout à fait normale : 1,748 m. Voici comment on obtient ce résultat :

5 pieds	= 1,52 m.
9 pouces	= 0,2286 m.
Total	= 1,748 m.

Il suffit de savoir qu'un pied vaut 30,4 cm et un pouce : 2,54 cm. Voici du reste une table de conversion qui facilitera vos calculs :

CENTIMÈTRES (centimeters)		POUCES (inches)
2,54	1	0,3937
5,08	2	0,7874
7,62	3	1,1810
10,16	4	1,5748
12,70	5	1,9685
15,24	6	2,3622
17,78	7	2,7559
20,32	8	3,1496
22,86	9	3,5433
25,40	10	3,9370

Vous apprendrez vite à vous servir de cette table. Elle comporte trois colonnes : une centrale, une à gauche (centimètres) et une à droite (pouces). En partant d'un nombre de la colonne centrale, si vous lisez le chiffre correspondant à gauche, vous obtenez l'équivalent d'un nombre de pouces en centimètres. En lisant le nombre correspondant de la colonne de droite, vous obtenez l'équivalent du nombre de centimètres en pouces.

Un exemple vous permettra de mieux comprendre encore. Je veux savoir combien de centimètres représentent 9 pouces. Je prends le chiffre 9 dans la colonne centrale et je regarde à gauche et je lis 22,86. 9 pouces équivalent par conséquent à 22,86 cm. En revanche, si je lis dans la colonne de droite, je trouve 3,5433. Ce qui signifie que 9 centimètres équivalent à 3,5433 pouces. Maintenant si j'ajoute un zéro aux chiffres de la colonne centrale, il me suffit de déplacer la virgule pour obtenir l'équivalent en centimètres ou en pouces de 20, 30, 40 unités. Exemple : si 2 pouces équivalent à 5,08 cm, 20 pouces équivaudront à 50,80 cm. Et ainsi de suite. L'opération est à peine plus compliquée pour les chiffres intermédiaires. Combien de centimètres valent 18 pouces ?

C'est simple, il suffit d'additionner 10 pouces, soit 25,40 cm et 8 pouces, soit 20,32. On obtient le résultat suivant : 45,72 cm.

en mètres. Mais nous en sommes sûrs, les Castors Juniors l'avaient déjà compris.

Bien entendu, vous prati-

TABLE DE CONVERSION DES MÈTRES EN PIEDS ET VICE VERSA		
MÈTRES (Meters)		PIEDS (Feet)
0,3048	1	3,28084
0,6096	2	6,562
0,9144	3	9,843
1,2192	4	13,123
1,5240	5	16,404
1,8288	6	19,685
2,1336	7	22,966
2,4384	8	26,247
2,7432	9	29,528
3,0480	10	32,808

Vous pratiquerez exactement de la même manière pour savoir combien de pieds vaut telle mesure quez comme pour la table précédente pour convertir les dizaines. C'est clair, non ?

PEINTURE SUR ŒUFS

Si vous voulez décorer des œufs à l'occasion de la fête de Pâques, vous avez le choix entre plusieurs procédés. Le plus insolite, mais aussi le plus simple, n'en donne pas moins de surprenants résultats. Il consiste à enrober les œufs dans de la pelure d'oignon maintenue tout contre la coquille à l'aide d'un fil soigneusement noué. Plongez ensuite les œufs ainsi préparés dans

l'eau bouillante pendant 10 minutes et laissez refroidir : ils porteront alors des arabesques du plus bel effet. Mais si vous vous sentez en veine de fantaisie artistique, vous pouvez toujours vous appliquer à peindre au pinceau et à la gouache des motifs sur des œufs bouillis, refroidis et soigneusement séchés avec un torchon. Vous pouvez aussi les recouvrir d'inscriptions diverses comme «Bonnes Pâques», «Bonne Fête», «Bienvenue chez nous», etc. Le crayon-encre ou l'encre tout court sont à proscrire. Vous pouvez également décorer les œufs en collant dessus, à l'aide de quelques gouttes de colle, des motifs bariolés en tissu ou en papier.

LE CALENDRIER PERPÉTUEL

Vous voulez savoir si vous êtes né un jeudi ou un dimanche ? Quel jour de la semaine a eu lieu ou aura lieu tel événement qui vous intéresse ? Le calendrier perpétuel des Castors Juniors vous le dira. Commencez par repérer dans le tableau 1 le nombre qui se trouve à l'intersection de la ligne du quantième* du mois et du mois auquel s'est déroulé l'événement. Notez ce chiffre. Passez ensuite au tableau 2. Celui-ci indique l'année des dates que vous recherchez. En bas à gauche («siècles») vous avez les centaines. En haut, à la verticale, les dizaines et les unités (colonnes verticales). Cherchez le chiffre qui se trouve à l'intersection des deux colonnes qui vous intéressent. Reportez-vous au tableau 3. Cherchez le premier chiffre que vous avez noté dans la colonne verticale. Le second dans celui de la ligne horizontale. Trouvez de nouveau le point d'intersection : vous aurez le jour que vous recherchez.

* Le « quantième » désigne le jour du mois.

						MOIS	Janv.-Oct.	Mai	Août	Fév.-Mars-Nov.	Juin	Sept.-Déc.	Avr.-Juil.
	1	8	15	22	29		1	2	3	4	5	6	7
	2	9	16	23	30		2	3	4	5	6	7	1
JOURS	3	10	17	24	31		3	4	5	6	7	1	2
	4	11	18	25			4	5	6	7	1	2	3
	5	12	19	26			5	6	7	1	2	3	4
	6	13	20	27			6	7	1	2	3	4	5
	7	14	21	28			7	1	2	3	4	5	6

TABLEAU 2

Un exemple ? C'est facile : quel jour tombe le 1er mai 1970 ? L'intersection de 1 et de mai au tableau 1 donne 2. Au tableau 2, l'intersection de 1 900 et de 70 donne 6.

	1	2	3	4	5	6	7
1	S	D	L	M	Me	J	V
2	D	L	M	Me	J	V	S
3	L	M	Me	J	V	S	D
4	M	Me	J	V	S	D	L
5	Me	J	V	S	D	L	M
6	J	V	S	D	L	M	Me
7	V	S	D	L	M	Me	G

ANNÉES :

00	01	02	03		04	05
06	07		08	09	10	11
	12	13	14	15		16
17	18	19		20	21	22
23		24	25	26	27	
28	29	30	31		32	33
34	35		36	37	38	39
	40	41	42	43		44
45	46	47		48	49	50
51		52	53	54	55	
56	57	58	59		60	61
62	63		64	65	66	67
	68	69	70	71		72
73	74	75		76	77	78
79		80	81	82	83	
84	85	86	87		88	89
90	91		92	93	94	95
	96	97	98	99		

SIÈCLES :

0	7	14	17	21	25	7	1	2	3	4	5	6
1	8	15*				6	7	1	2	3	4	5
2	9		18	22	26	5	6	7	1	2	3	4
3	10					4	5	6	7	1	2	3
4	11	15*	19	23	27	3	4	5	6	7	1	2
5	12	16	20	24	28	2	3	4	5	6	7	1
6	13					1	2	3	4	5	6	7

Au tableau 3, l'intersection 2-6 indique V. Le 1er mai 1970 tombe donc un vendredi ! Enfantin, n'est-ce pas ?

NOTA : Revenez un jour en arrière si la date recherchée tombe en janvier ou en février d'une année bissextile.

BLASONS DES TEMPS PASSÉS

Les blasons ou armoiries sont apparus au XIIe siècle et ils permettaient de distinguer les combattants, à la guerre ou au tournoi. Plus tard, l'usage de ce signe de reconnaissance s'étendit aux bourgeois et aux artisans.

Sur la page de droite sont reproduits vingt blasons de même forme extérieure. Jugez comme les dessins et les couleurs paraissent variés ! Cependant leur composition répond à des règles strictes et bien définies, mais le choix des combinaisons reste presque infini !

Des animaux, surtout le lion, *rampant* ou *léopardé*, des astres, des armes, des symboles du pouvoir sont souvent représentés mais les êtres imaginaires apparaissent aussi, tels les dragons, les licornes et les sirènes.

Généralement, le blason se transmet inchangé, de génération en génération.

 Fleur de lis

 Heaume, étoiles

 Tour, croissants

 Lion rampant

 Lions affrontés

 Rencontre

 Cheval gai effrayé

 Aigle bicéphale

 Croix de Lorraine alérion

 Dragon

 Couleuvre

 Coq et abeilles

 Merlettes

 Château crénelé

 Voilier

 Épée haute, clés adossées

 Bourdons badelaire

 Otelles

 Briquets

 Besants

CASTORS JUNIORS... A VOS CRAYONS !

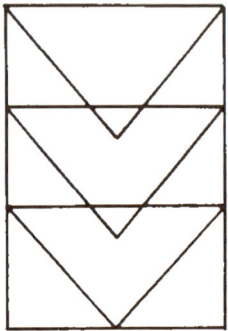

Un Castor Junior accompli se distingue par son art à mettre en œuvre son astuce et son imagination. Il est sûrement capable de reproduire la figure ci-dessus sans jamais lever la main ni passer deux fois sur le même trait. Vous hésitez ? La solution se trouve page 174.

GARDE A VOUS !

Sur la page de droite, vous pouvez apprendre à reconnaître, dès maintenant, les insignes des grades qui ont cours dans l'infanterie de l'armée française.

Il y a dix-huit grades, qui, du plus bas, jusqu'au plus élevé, sont : caporal, caporal-chef, sergent, sergent-chef, sergent-major, adjudant, adjudant-chef, aspirant, sous-lieutenant, lieutenant, capitaine, chef de bataillon (commandant), lieutenant-colonel, colonel, général de brigade, général de division, général de corps d'armée, général d'armée. Soldat de première classe et maréchal ne sont pas des grades, mais des distinctions. Repos !

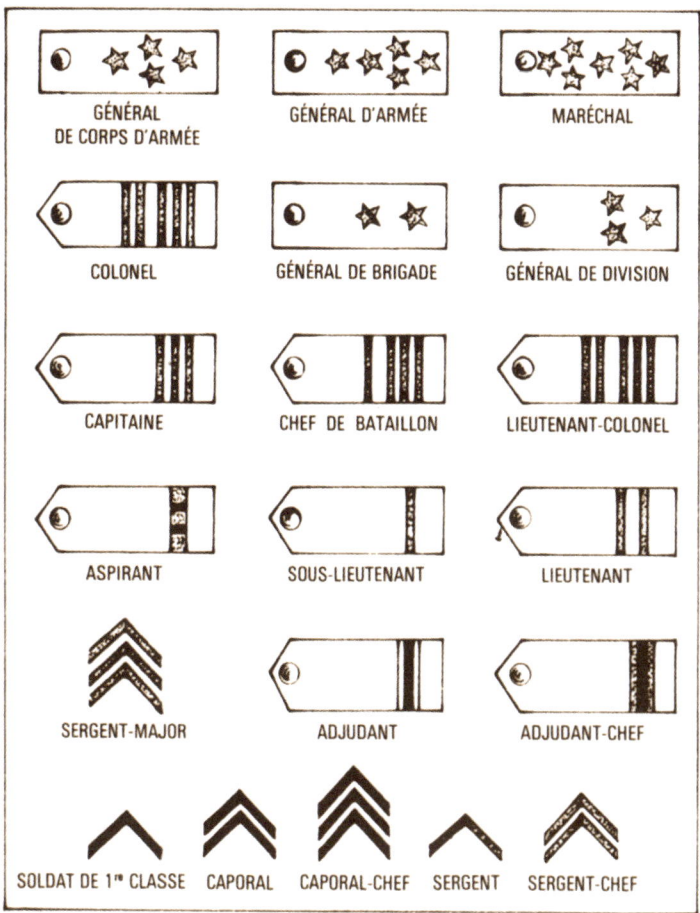

UN COLLIER-MINUTE

Histoire d'épater des amis qui vous attendent pour une fête indienne, vous aimeriez disposer d'un collier indien. Mais le temps presse. Ne perdez pas le nord pour autant. Imitez simplement Riri et Loulou et vous parviendrez à vos fins en moins de temps qu'il n'en faut pour résoudre un devoir d'arithmétique. Commencez par découper quatre demi-lunes dans du carton de couleur et pratiquez un petit trou en leur milieu. Ensuite, rendez-vous dans la cuisine. Oubliez les confitures. Visez plutôt la

réserve de pâtes. C'est bien le diable si elle ne comprend pas un paquet de coquillettes. Entretemps, vous vous êtes muni d'un fil solide, long d'environ 60 cm. Enfilez 4 coquillettes puis une demi-lune, 4 autres coquillettes et une autre demi-lune et ainsi de suite, en terminant par 4 coquillettes. Bouclez la boucle. Et s'il vous reste un peu de temps, peignez les coquillettes. Hugh !

COCO APPREND A PARLER

A peu près tous les perroquets peuvent apprendre à «parler» - même les espèces les plus communes. L'important est de SAVOIR leur apprendre. Il faut surtout que le volatile soit très jeune, c'est- à-dire qu'il n'ait pas plus de quelques semaines. Ensuite que son «maître» (aux deux sens du terme) sache faire preuve de beaucoup d'affectueuse patience et de constance.
Comment procéder ? Voici. Avant toute chose, le perroquet doit être placé dans une pièce bien éclairée, tranquille, où ne risquent de parvenir ni bruits extérieurs ni chants d'oiseaux. Ensuite, son maître - et lui seul - viendra rendre visite chaque jour à son «élève». Tout en lui offrant un biscuit au préalable émietté, il commencera par prononcer un mot très simple comme «papa», «coco», «bonjour». Bref, un terme ne comptant jamais plus de deux syllabes, prononcées clairement, en articulant bien, d'une voix douce.

Quelque temps plus tard, vous pourrez passer à un autre mot - toujours de deux syllabes - que vous ajouterez

au premier, lequel sera toujours rappelé. Petit à petit, familiarisé, Coco commencera à répéter - pardon! à «parler»... Ayez de la patience.

LE SIAM : UN JEU TIRÉ DES OUBLIETTES

Vers le milieu de l'année 1683, un imposant et riche cortège se présentait aux portes de Paris. Envoyés par Phra Narai, leur maître d'alors, des ambassadeurs venus du lointain pays de Siam rendaient visite à S.M. Louis XIV, et allaient nouer avec la France d'excellentes relations. Si bien des choses étonnèrent les augustes visiteurs durant leur séjour à Paris, ils eurent également l'occasion de divertir leurs hôtes avec un jeu inconnu jusqu'alors sous nos latitudes et qu'ils avaient apporté dans leurs bagages. Ce jeu, resté longtemps en honneur chez nous, et oublié depuis bien des lustres, porte le nom du pays d'où il est venu : « le siam ». Il s'agit d'une variante raffinée du jeu de quilles que l'on connaissait déjà à l'époque. A cette différence près que les quilles ne sont pas disposées en plusieurs rangs sur des lignes parallèles, mais sur un tracé en spirale, comme l'indique notre illustration. La pièce la plus difficile à se procurer est sans doute la pièce essentielle du jeu. Il s'agit d'un disque de bois dur, compact, épais d'environ 3 cm, taillé coniquement, de façon que le diamètre de la partie inférieure – le plus petit diamètre – soit environ trois fois celui du diamètre des quilles. Si on ne le trouve pas dans le commerce, on peut toujours le façonner... A Castor vaillant, rien

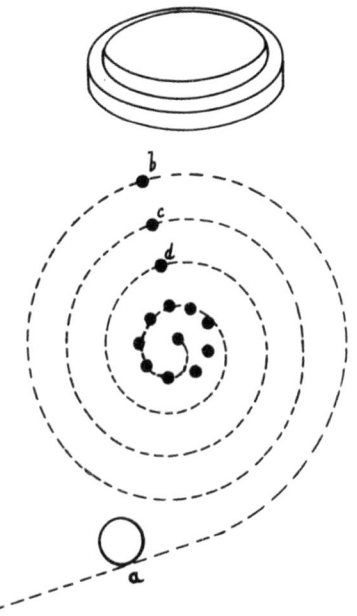

d'impossible ! Le disque et les quilles réunis (ces dernières doivent mesurer 2 cm de diamètre à leur base), tracez à la craie, sur le sol, une spirale de 1 m de diamètre et disposez les quilles de la façon indiquée ci-contre. Compte tenu de sa forme, le disque, une fois lancé depuis le point « a » ne suivra pas une course rectiligne. Il décrira une spirale au cours de laquelle il heurtera et renversera une ou plusieurs quilles. La difficulté consiste précisément à donner à ce disque, lors de son lancement, l'inclinaison voulue pour qu'il s'inscrive d'aussi près que possible dans la spirale. Mais attention ! Chaque quille abattue vaut, au joueur qui l'a fait tomber, un nombre de ponts différents. Ainsi, il faudra compter 5 points s'il s'agit de la quille « d », 4 pour la quille « c » et 3 pour la quille « b ». Chaque quille centrale compte 1 point, à l'exception de la toute dernière, celle du centre. Celle-là s'appelle « siam ». Qu'un joueur parvienne à faire tomber le « siam » du premier coup, sans toucher aux autres quilles, et il gagne la partie. Si le « siam » tombe avec d'autres quilles, il vaut 9 points. En revanche – tenez-vous bien -, s'il tombe en même temps que **toutes les autres quilles**, l'auteur de cet « exploit » se trouve automatiquement éliminé. Mieux : il sera le perdant irrémédiable et définitif ! Le gagnant sera la joueur qui, à défaut d'avoir fait tomber le « siam » tout seul (cela paraît difficile, mais non impossible), atteindra le maximum de points – c'est-à-dire 30 – ou s'en sera le plus rapproché en trois lancements successifs. Il ne nous reste plus qu'à vous souhaiter bonne chance !

UNE BIBLIOTHÈQUE A VOUS !

Les Grecs le disaient déjà : un livre est le meilleur des amis. Et le meilleur des amis n'a pas de prix. Par conséquent, un livre est un véritable trésor. Ce qui ne signifie pas que vous devez le conserver dans un coffre-fort blindé comme l'oncle Picsou conserve ses louis d'or. Au contraire :

un livre doit toujours être à portée de la main. D'où l'idée de lui réserver dans la maison une place de choix : la bibliothèque (du grec *bibliothèkè*, « dépôt de livres »). Mais tenir une bibliothèque en ordre n'est pas une mince affaire. Cela exige du bon sens et des idées. Lorsque vous possédez les étagères ou les rayons de votre future bibliothèque, commencez par inspecter vos livres. Redressez les pages cornées et rénovez la reliure de ceux que le temps a le plus marqués. Si nécessaire, collez sur le dos de la reliure une étiquette avec le titre et le nom de l'auteur. Ensuite, préparez le rangement : d'un côté les livres d'aventures, de voyages, de poésie, les romans, et de l'autre les livres de classe, les dictionnaires, les encyclopédies, les documents. Bien entendu, tous ces ouvrages devront être harmonieusement rangés, par ordre de grandeur. Mais c'est là une recommandation inutile : chaque Castor Junior est très certainement orfèvre en la matière - nous voulons dire : bibliothécaire accompli !

LE CODE SECRET DES DADA OURKA

Pour n'importe qui, «Dada Ourka» n'a pas de sens. Mais les Castors Juniors, eux, savent qu'il s'agit d'une secte vivant sur la planète Mars, ayant son propre alphabet qui concorde exactement avec le nôtre, bien que les lettres s'écrivent très différemment. Ainsi, savez-vous ce que signifient, en langage clair, les signes portés sur le message que déchiffre à grand-peine Donald ? Ceci : «ONCLE PICSOU SE TAIT PARCE QUE LE SILENCE EST D'OR.»

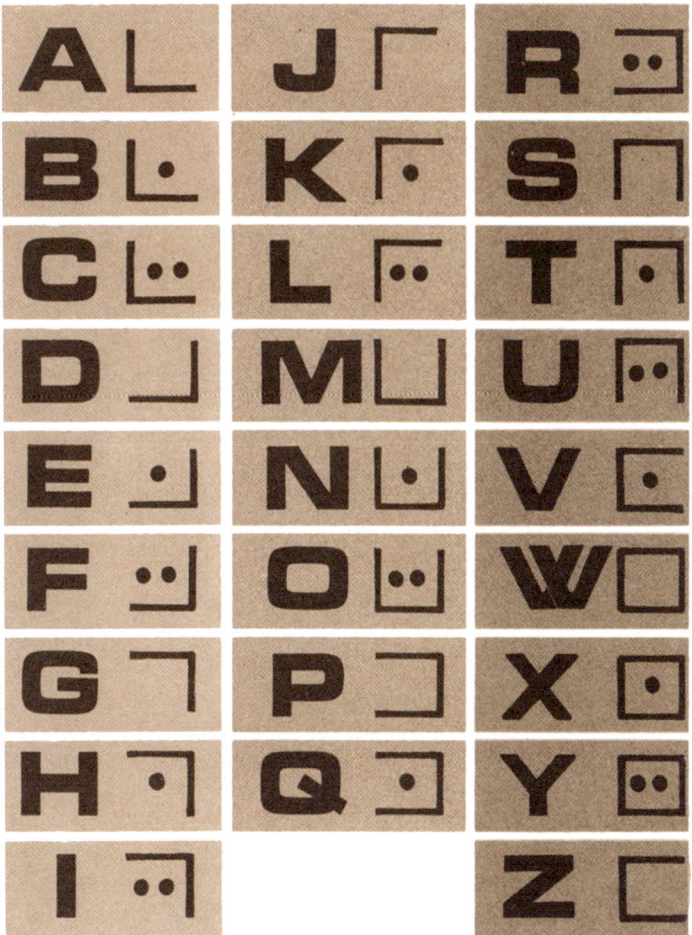

D'où l'air surpris de l'intéressé. Ce code secret, vous pouvez vous aussi y avoir recours dans votre correspondance avec vos amis. A condition bien entendu de savoir l'utiliser : fiez-vous au tableau ci-dessus, où chaque lettre de l'alphabet Dada Ourka correspond à une lettre de notre alphabet. Bien entendu, vous laisserez un espace entre chaque mot. Quant à la ponctuation «Dada Ourka», elle correspond exactement à la nôtre...

BIENVENUE AU POISSON ROUGE

Un nouvel ami est arrivé chez vous. C'est un poisson rouge que l'on vous a (ou que vous vous êtes) offert... Cet ami-là peut être très attachant. Mais il exige des soins un peu particuliers. Voici quelques conseils qui vous aideront à lui ménager des jours agréables auprès de vous. Son logement : un aquarium, bien sûr, rectangulaire ou sphérique. Quelle que soit la taille du nouvel arrivant, n'oubliez jamais, s'il est petit que... petit poisson deviendra grand ! Donc un récipient de 3 à 4 litres, et d'au moins 5, s'il mesure déjà plus de 10 cm de long. Si vous disposez d'un aérateur, l'eau ne devra JAMAIS être changée. Si vous n'en disposez pas, vous changez l'eau tous les trois ou quatre jours. Ne sortez jamais le poisson de son logement : vous pourriez lui faire mal en dépit de toutes les précautions que vous pourriez prendre. Siphonnez simplement l'eau jusqu'à 3 ou 4 cm du fond, ou encore prélevez-la à l'aide d'une louche et remplacez-la par de l'eau tirée du robinet *plusieurs heures auparavant* : elle aura le temps de se mettre à la température ambiante. L'eau restant au fond constituera une excellente culture de bactéries dont le poisson se nourrira. Ajoutez-y chaque jour une pincée de daphnies séchés - on les trouve dans le commerce et elles ne coûtent pas cher. Et jamais, au grand jamais, ne laissez tomber dans votre aquarium des mies de pain, des miettes de biscottes ou de sucre. Votre malheureux ami ne ferait pas long feu !

UN « TRUC » POUR SE DÉLASSER

Tout Castor Junior qui se respecte doit être détenteur de quelque petit secret approprié aux circonstances dont il saura faire usage au bon moment. En voici un qui pourrait être utile un jour où votre maman sera particulièrement fatiguée. Par exemple, une veille de vacances où elle a dû préparer tous les bagages, ou encore un mercredi où il a plu et que vous avez reçu vos petits camarades chez vous sans pouvoir sortir. Ou tout simplement une

fin de trimestre où vous lui avez rapporté un carnet de notes plutôt décevant... Le secret - il s'agit plutôt d'un petit «truc» - dont il est question ici se révèle d'une simplicité désarmante. Persuadez simplement votre maman d'ouvrir toute grande sa main droite et d'en brosser activement la paume à l'aide d'une brosse à habits. Vous croyez peut-être qu'il s'agit d'une plaisanterie ? Pas le moins du monde. Nous tenons la recette d'un éminent psycho-physiologiste américain, connu dans le monde entier. Ce savant affirme que le brossage de la main droite fait disparaître comme par enchantement la fatigue ou l'énervement. L'opération devrait durer cinq minutes au moins. L'explication du phénomène ? Elle est très simple, selon notre savant : l'action de la brosse stimule les nerfs épidermiques qui, agissant à leur tour sur les capsules surrénales, provoquent une émission d'hormones et redonnent de l'énergie. C'est très efficace. Essayez !

RIEN NE SE PERD

Les vieux principes veulent que l'on ne jette pas les croûtons de pain. Râpés, ils peuvent faire de la chapelure (toujours utile lorsqu'une escalope à la milanaise ou un poulet frit sont au menu). En outre, tout Castor Junior digne de ce nom doit savoir qu'à la porte de n'importe quel zoo, s'il y en a un dans les environs, se trouve une corbeille spécialement réservée aux croûtons. Enfin, il faut penser aux oiseaux. Ils sont friands de miettes de pain - même sec - répandues sur le rebord d'une fenêtre, spécialement en hiver. Et que diriez-vous de porter ces croûtons à un refuge d'animaux abandonnés ?

SUR LE TERRAIN... CARTE EN MAIN

Aux yeux de qui sait la lire, une carte détaillée «parle» aussi clairement qu'une photographie. L'élément le plus important de la carte topographique est évidemment l'échelle, c'est-à-dire le point de référence qui correspond sur le terrain à un centimètre sur le papier. Par exemple l'échelle 1 : 25 000 - très fréquemment utilisée - signifie qu'un centimètre sur la carte équivaut à 25 000 centimètres - c'est-à-dire à 250 mètres - sur le terrain.
Du moment que vous savez lire une carte topographique et que vous avez appris à vous orienter, vous ne pourrez plus vous égarer. A une condition supplémentaire toutefois : savoir interpréter les signes conventionnels figurant un bois, une construction, un cours d'eau, une route, etc. Ces signes conventionnels figurent du reste généralement au bas de la carte.

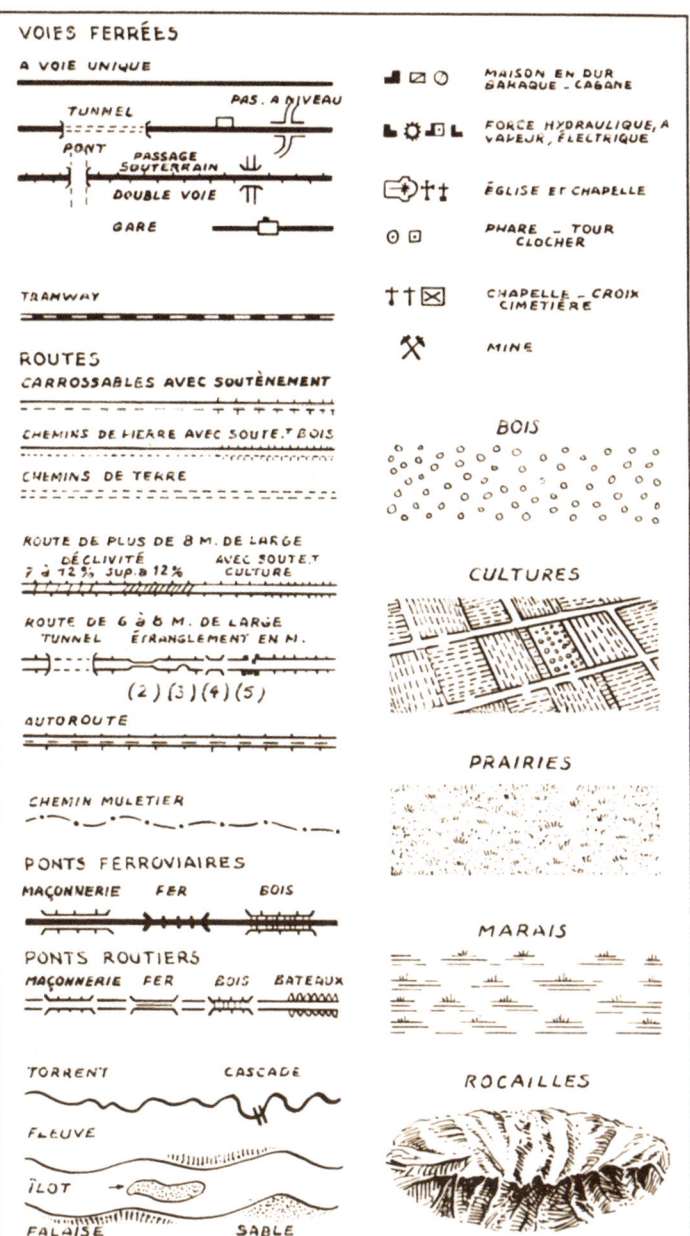

UNE CHUTE... ARTISTIQUE

S'il vous arrive un jour de trébucher et de vous étaler tout de votre long, commencez par rechercher attentivement l'explication du phénomène. Vous découvrirez peut-être qu'avec votre distraction, un gros caillou a été à l'origine de la mésaventure. Dès lors, deux solutions s'offriront à vous : ou bien déposer le caillou en question sur le bord de la route, de façon qu'il ne risque pas de provoquer une autre chute, ou bien en faire une œuvre d'art. D'un caillou ? Oui. Comment ? Ce n'est pas compliqué.

Il est évidemment indispensable qu'il s'agisse d'un caillou à la surface assez lisse et de forme intéressante. Lavez-le pour le débarrasser des résidus terreux qui pourraient y adhérer. Essuyez-le ensuite avec soin. Le moment est alors venu de donner libre cours à votre fantaisie et à votre inspiration. Peignez, ce caillou de couleurs vives et variées. Nous vous conseillons une peinture-émail. Répétez l'opération une seconde fois après séchage et recouvrez enfin votre «création» d'une couche de vernis incolore qui protégera la peinture tout en donnant du brillant à votre œuvre. Une autre méthode consiste à revêtir le caillou après lavage et séchage, d'un fond uni sur lequel, après un parfait séchage, vous pourrez à votre goût dessiner des motifs variés. Un mot encore : il n'est pas nécessaire d'attendre une chute pour découvrir un caillou... et le peindre !

SIROP A GOGO

Dressez l'oreille, Castors Juniors ! Et pourléchez-vous d'avance à la pensée de ce qui va suivre. Voici comment, en quatre temps deux mouvements, vous pourrez confectionner une boisson aussi rafraîchissante qu'énergétique avec laquelle vous étancherez votre soif et celle de vos amis. (C'est une recette secrète que Riri a réussi à arracher à grand-mère !).

Faites bouillir pendant quelques minutes seulement un litre de jus d'orange (obtenu à partir d'environ trois kilos d'oranges pressées) auquel vous aurez ajouté 700 grammes de sucre. Laissez refroidir puis mettez en bouteille. Enfin plongez cette bouteille dans un bain-marie (l'eau doit atteindre les trois quarts de la hauteur de la bouteille). Faites bouillir à feu doux. Le sirop de la bouteille se concentrera lentement pendant ce temps. Retirez du feu deux heures après. Vous disposez maintenant d'un sirop d'orange qui se conservera très longtemps.

LE CALENDRIER A DISQUES

Un calendrier manuel ? Mais oui les amis ! Que vous mettez à jour en manœuvrant avec vos doigts les différents disques qui le composent.

Voici comment construire ce calendrier :

1. Prenez un carton assez épais et rigide et découpez un rectangle de 10,5 x 13,5 cm.
2. Perforez le carton de 4 petits trous comme indiqué sur la figure 1 et découpez exactement aux mesures 4 carrés de façon à former 4 petites fenêtres.
3. Découpez ensuite sur un carton plus léger 4 disques de 4,5 cm de diamètre chacun.
4. Sur le premier disque (A) écrivez les jours de la semaine, sur le second (B) les mois de l'année.
5. Sur le troisième (C) et le quatrième (D) marquez respectivement les nombres de 1 à 3 et de 0 à 9, comme indiqué sur les différentes illustrations.
6. A l'aide de 4 agrafes, attachez les quatre disques au verso du carton et chacun à leur place, devant les trous précédemment percés ; rabattez les branches des agrafes.
7. Colorez à votre gré les différentes parties et le calendrier sera prêt à être suspendu. N'oubliez pas de tourner chaque jour les disques !

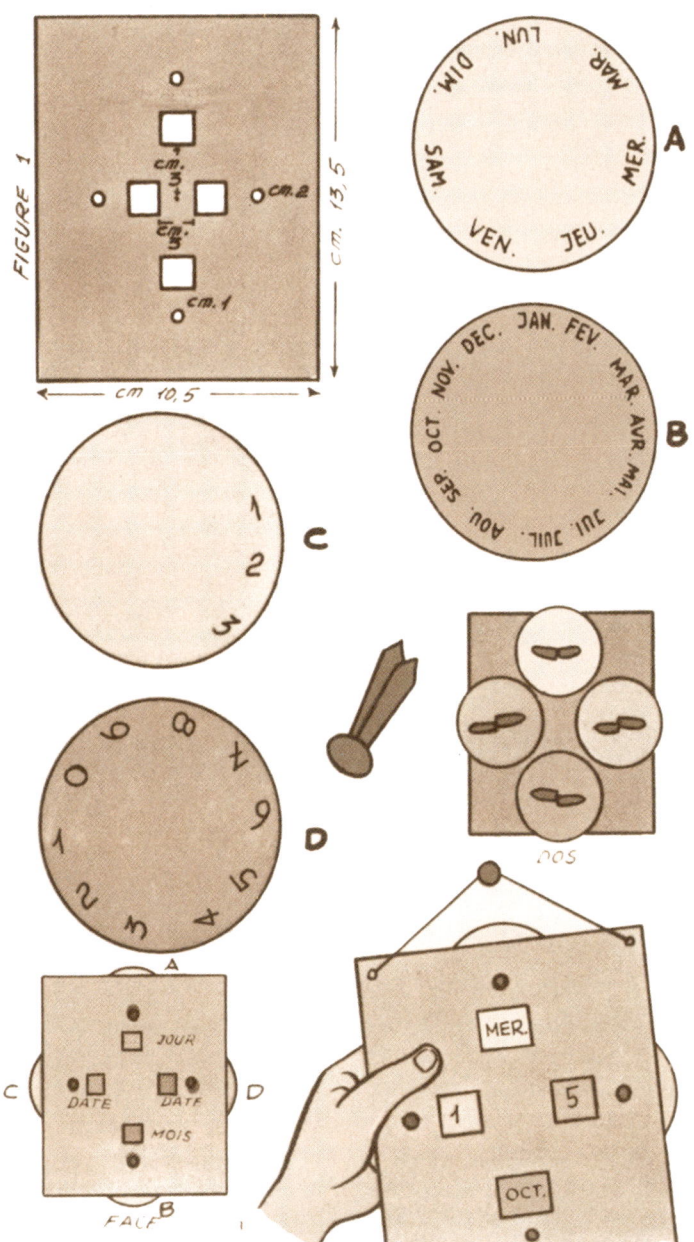

LA SYMPHONIE DES ARCS

Il est difficile de dire au juste qui a inventé l'arc - ou la voûte. Ce qui est certain c'est que, neuf siècles avant notre ère, les Étrusques savaient construire des arcs et qu'ils communiquèrent le secret aux Romains. Par la suite, les formes se multiplièrent.
En voici queques unes parmi les plus caractéristiques.

EAU FRAÎCHE SUR COMMANDE

Tout Castor Junior qui se respecte sait comment obtenir de l'eau fraîche en enrobant d'un linge mouillé une bouteille d'eau et l'exposant ensuite dans un courant d'air ? Voici un autre moyen encore plus rapide d'obtenir de l'eau fraîche à bon compte. Lavez très soigneusement un pot de fleurs en terre cuite poreuse. A l'aide d'un bouchon, que vous aurez fait bouillir et taillé convenablement, bouchez le trou du fond.

Remplissez d'eau. Couvrez à l'aide d'une feuille de plastique ou d'alumimium maintenue par un élastique. Exposez à un courant d'air. L'eau suintera de façon invisible, mais réelle, par les pores du pot. L'évaporation prélevant de la chaleur, vous obtiendrez plus rapidement encore que par le procédé précédent - et faute de glacière ou de réfrigérateur - de l'eau très fraîche.

ATTENTION, JE FREINE !

Les conducteurs novices - et vous en serez vraisemblablement un, plus tard - n'ont pas toujours la notion

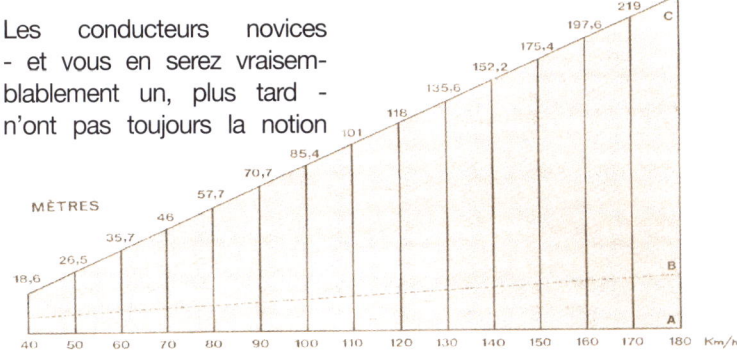

du temps qu'il faut pour immobiliser un véhicule en pleine course, en cas de danger. Ils ont quelque fois fâcheusement tendance à se fier aux vantardises des «grands» proclamant qu'ils ont «freiné pilé» devant un obstacle. Un vrai Castor Junior sait ne pas prendre à la lettre ce genre d'affirmations. La puissance de freinage d'un véhicule, quel que soit son poids, dépend d'une équation dont il est impossible de modifier les facteurs sous peine de modifier radicalement ses performances pour une consommation donnée. Regardez bien le diagramme ci-dessus. La ligne verticale AC indique la distance d'arrêt pour une vitesse donnée. La ligne BC le temps de freinage *réel*, et l'espace AB le temps qui s'écoule inévitablement entre le moment où le conducteur perçoit l'obstacle et celui où les freins commencent à jouer leur rôle. Encore ces chiffres ne sont-ils valables que pour un véhicule aux pneumatiques et aux freins en parfait état, sur une chaussée sèche et excellent ! A bon entendeur…

LE LONG SOMMEIL…

L'automne est arrivé. Votre amie la tortue paraît soudain paresseuse, nonchalante. C'est qu'elle va bientôt rentrer en hibernation. Préparez-lui, dans une boîte à chaussures, un lit de feuilles vertes convenablement essuyées. Déposez la tortue à l'intérieur et rangez la boîte en un endroit frais - mais pas trop tout de même ! Ensuite, armez-vous de patience : elle dormira jusqu'au printemps. Tirez-la alors de sa boîte, baignez-la dans de l'eau tiède et servez-lui un repas copieux ! Elle en a besoin !

BOUGIES PERSONNALISÉES

Vous manquez de bougies pour un gâteau d'anniversaire ? Faites fondre au bain-marie, à feu doux, trois ou quatre bougies ordinaires - il y en a toujours à la maison pour parer à une éventuelle panne d'électricité. Prélevez les mèches à l'aide d'une pince à épiler et mettez-les de côté. Délayez dans le liquide quelques pincées de pâte à modeler de la couleur voulue. Retirez du feu et versez le liquide dans de petits verres à liqueur par exemple. Enfoncez verticalement les morceaux de mèche, coupés à la longueur voulue, avant que votre préparation ne se solidifie de nouveau. Vos bougies «personnalisées» feront sensation une fois extraites de leur moule.

GERMINATION ÉCLAIR

Les racines de boutures que vous lassez baigner dans un verre ou une bouteille d'eau en attendant leur repiquage se formeront beaucoup plus rapidement si vous prenez soin de déposer au préalable, au fond du verre ou de la bouteille, quelques grains de riz. Surprenant ? Essayez ! Vous verrez bien…

BRUNIR SANS BRÛLURE

Tout le monde sait que le soleil est une source de vie. En effet, c'est à lui, grand magicien de l'univers, que nous devons la lumière, la chaleur et l'alternance des saisons, ainsi que le fait de pouvoir admirer en montagne d'immenses étendues boisées ou de barboter dans les eaux bleues de la mer. Toutefois... à propos de la mer ou de la montagne, nous devons veiller à ne pas nous faire « pincer » par quelque rayon de soleil pas trop... cuisant. A nous donc d'éviter les coups de soleil. Pour obtenir un joli hâle doré, nous devrons observer une certaine prudence et une technique appropriée dont s'inspire le schéma ci-dessous, conseillé par les médecins. Il vous indique en minutes les premiers temps d'exposition. En examinant le tableau vous remarquerez en effet que l'exposition au soleil est progressive et s'élève de cinq minutes chaque jour jusqu'à atteindre un maximum de 75 minutes le 15e jour pour les pieds. Après le 15e jour, sauf contre-indication de la part du médecin, vous pourrez vous exposer librement à l'action bénéfique du dieu Soleil sans craindre les brûlures.

PARTIES DU CORPS	JOURS								
	1er	2e	3e	4e	5e	6e	7e	8e	15e
Pieds.........	5	10	15	20	25	30	35	40	75
Jambes	—	5	10	15	20	25	30	35	70
Cuisses.......	—	—	5	10	15	20	25	30	65
Ventre	—	—	—	5	10	15	20	25	60
Poitrine.......	—	—	—	—	5	10	15	20	55
Dos..........	—	—	—	—	—	5	10	15	50

NE TIREZ PAS LA QUEUE DU CHAT !

Il fallut plusieurs jours au malheureux Donald pour se remettre de sa frayeur. Comme il en a l'habitude, aussitôt que Riri, Fifi et Loulou sont sortis de son champ visuel, après le déjeuner, il s'offrit ce jour-là ce qu'il appelle «une petite sieste», c'est-à-dire, en fait, un bon somme de deux ou trois heures. Il se mit à rêver. A rêver qu'il était parti tout seul pour camper et qu'il goûtait une liberté pleine et entière. Y compris celle de grimper aux arbres. Et il grimpa... L'escalade était difficile : il s'accrocha à ce qu'il croyait être une liane qui pendait par là. C'était la queue d'un puma ! Lequel n'apprécia pas la plaisanterie. Ce fut alors une interminable chute suivie d'un choc brutal accompagné d'un réveil douloureux. Donald était tombé de son hamac !

Tout cela pour vous dire qu'accidentellement ou non, il ne faut pas faire de mal à un animal, quel que soit cet animal ! Tirer la queue d'un chat est un acte de cruauté. Tout comme arracher une aile à une mouche ou torturer une luciole, histoire de voir d'où provient la luminescence de son abdomen. Quelle que soit la manière dont vous faites souffrir un animal et quelle que soit son espèce, un fait est certain : du moment que cet animal ne vous veut aucun mal, qu'il ne vous attaque pas, lui porter atteinte gratuitement est un acte de cruauté. Et même, dans certains cas, il prend un sens autrement plus grave : celui d'une atteinte à la vie.

LA MONTRE SE FAIT BOUSSOLE...

Nous n'avons pas toujours une boussole dans notre poche. Pourtant la plupart d'entre nous sont porteurs d'un objet qui peut en tenir lieu. Il s'agit de notre montre, montre de poche ou montre-bracelet. Celle-ci, en cas de besoin - et à la condition expresse qu'il fasse soleil - peut vous permettre de vous orienter. Vous en doutez ? Alors voici comment opérer. Posez la montre sur le sol en un endroit ensoleillé, cadran face au ciel. Plantez un brin de paille, ou à défaut une allumette dans le sol, à hauteur de la petite aiguille qui indique les heures. Orientez la montre de façon que l'ombre du brin de paille ou de l'allumette se projette

SUD

NORD

exactement sur cette petite aiguille - la recouvre, si vous préférez. La ligne conduisant au sud passe exactement à mi-chemin entre la petite aiguille et le nombre 12 (midi), en partant du centre et dans le sens des aiguilles. Ainsi, si la petite aiguille indique 4 heures, le sud emprunte une ligne axe central - 2 heures. A 8 heures du matin, la ligne partant de l'axe passe sur le 10. Et ainsi de suite...

ÉCUMEURS DES MERS

« Quinze hommes sur un cercueil et un baril de rhum... » Ainsi commence la chanson des héros de *L'Ile au Trésor*, le célèbre roman de Louis Stevenson.

Sachez donc que lorsqu'ils avaient décidé de se débarrasser de quelqu'un, les pirates avaient pour habitude de l'abandonner sur une de ces îles innombrables, et pour la plupart inexplorées à l'époque, de la mer des Caraïbes, îles auxquelles ils donnaient des noms fantaisistes. Ainsi, peu soucieux de partager le butin amassé au cours d'une campagne, le célèbre pirate *Barbe noire* - de son vrai nom Edouard Teach - abandonna ses compagnons avec un baril de rhum et quelques armes sur une île appelée « le cercueil ». Faisons donc plus ample connaissance avec ces hommes qui écumaient les mers au cours des XVIe, XVIIe et XVIIIe siècles. Et commençons par établir une distinction entre les *boucaniers* (ou *flibustiers*), les *pirates* et les *corsaires*.

LES CORSAIRES

Pour la plupart Anglais, Français ou Hollandais, tous ennemis des Espagnols, les corsaires étaient des aventuriers qui faisaient « la course » pour le compte de leurs gouvernements et non pas pour leur compte personnel. L'un des plus célèbres d'entre eux fut Sir Francis Drake (1541-1595). Explorateur à ses heures, il fit le tour du monde, prenant une part prépondérante à la constitution de l'Empire colonial britannique. Parfois aussi un corsaire se faisait pirate. Ce fut le cas du fameux Capitaine Kidd (1645-1701). Chargé de faire la chasse aux pirates et à la flotte française, il se vit confier par le gouvernement de Londres le commandement du galion *Adventure*. En réalité, il finit par faire cause commune avec les pirates, à Madagascar. Arrêté après deux ans de piraterie, il fut condamné à mort et exécuté le 23 mai 1701.

Parmi les Français, Surcouf et Duguay-Trouin furent les plus célèbres.

LES PIRATES

Au contraire des corsaires, les pirates, nous venons de le voir, travaillaient pour leur propre compte. Ils s'en prenaient aux navires de commerce - surtout espagnols - qui revenaient d'Amérique du Sud lourdement chargés de richesses.

LES FLIBUSTIERS

Les flibustiers se situaient à mi-chemin entre les pirates et les corsaires. Travaillant pour leur gouvernement, ils se livraient eux aussi, à l'occasion, au pillage de navires - toujours espagnols - et s'appropriaient le plus souvent le butin. Ils s'intitulaient eux-mêmes «Frères de la Côte». Au temps de leur splendeur ils allèrent jusqu'à fonder une république dans l'île de la Tortue, au large d'Hispaniola (devenue, depuis, Haïti). Marins audacieux et cruels, ils obéissaient à des règles de fer qui régissaient la répartition du butin, la discipline à bord et le comportement sur l'île. Tout manquement à la loi (par exemple fumer dans la cambuse) était puni de 40 coups de fouet. La peine de mort s'appliquait aux crimes les plus graves. L'un des plus célèbres d'entre eux fut Barthélémy Roberts qui, au cours de sa carrière, s'empara de quelque 400 navires. D'autres flibustiers sont demeurés célèbres. Par exemple le Français Jean Laffitte, les Britanniques Sir Henry Morgan, William Dampier et Basil Ringrose. Edward Teach, surnommé «Barbe noire» en raison de la barbe qui lui mangeait le visage, était de bonne famille. Il portait en permanence trois pistolets à la ceinture. Moins fantaisistes peut-être mais tout aussi féroces, deux femmes pirates, Mary Read et Anne Bonny, connurent une grande célébrité. Tout ce monde combattait sous l'égide d'un drapeau noir portant une tête de mort et deux tibias croisés, ou bien un squelette tenant un verre de rhum d'une main et un sabre d'abordage de l'autre.

ARMES ET NAVIRES

Puisque nous en sommes à l'armement, restons-y. Pirates, corsaires et flibustiers utilisaient des pistolets, le sabre et l'épée, les haches, les arquebuses, des canons de petit calibre qui tiraient des bordées de clous et de bouts de ferraille, et des canons de gros calibre qui décochaient des boulets simples ou doubles. Reliés l'un à l'autre par une chaîne, les boulets doubles avaient pour objet de détruire la mâture du navire adverse. Mais le combat se terminait à l'abordage, c'est-à-dire par l'invasion et la conquête du navire ennemi immobilisé par des grappins munis de « rampes d'abordage ».

Nous terminerons ce bref résumé de l'histoire des « écumeurs des mers » en examinant leurs navires. Très rapide, le *brick* marchait à la rame et à la voile. Venait ensuite le *schooner* - un seul mât, voile latine et rames. Puis la *corvette* avec ses trois mâts, 32 rames par bordée et 36 canons. Enfin, le plus gros, le *galion*, avec quatre mâts et jusqu'à 70 canons, navire espagnol qui était leur proie de prédilection..

CASTORS JUNIORS... A VOS CRAYONS !

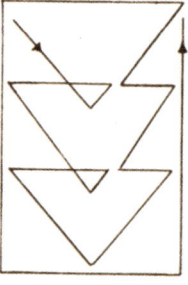

Voici la solution du jeu de la page 142. En partant de la partie gauche et supérieure de l'illustration, vous pouviez parfaitement reproduire le dessin sans lever la main. Mais bien entendu, vous aviez tous deviné et gagné ainsi vos galons de « vrai » Castor Junior.

CASTOR, NOUNOU D'UN SOIR !

Un Castor Junior doit être apte à faire face à toutes les situations. Il doit notamment pouvoir veiller sur son petit frère si ses parents ont à s'absenter quelques heures. Rappelons-lui l'essentiel de sa mission. Il devra : 1° - veiller à ce que l'enfant ne s'approche pas de la cuisinière à gaz et ne joue pas avec les allumettes ; 2° - prendre garde qu'il ne porte pas à la bouche des objets aussi dangereux qu'une bille, un bouton, un soldat de plomb ; 3° - faire disparaître de la portée de sa main tout produit pharmaceutique ; 4° - l'éloigner des interrupteurs et des prises d'électricité ; 5° - chercher à amuser le bambin avec des jouets qui ne seront ni tranchants ni pointus ; 6° - s'il est en verve, lui chanter des chansons ou lui raconter des historiettes. Peut-être finira-t-il par s'endormir... C'est la grâce que nous vous souhaitons !

SENS INTERDIT

INTERDICTION
DE TOURNER A GAUCHE

INTERDICTION
DE TOURNER A DROITE

INTERDICTION
DE FAIRE DEMI-TOUR

VIRAGE A DROITE

VIRAGE A GAUCHE

VIRAGE A DROITE
PUIS A GAUCHE

VIRAGE A GAUCHE
PUIS A DROITE

STATIONNEMENT
INTERDIT

STOP
MARQUER L'ARRÊT
ET CÉDER LE PASSAGE

VITESSE LIMITÉE
AU CHIFFRE INDIQUÉ

SIGNAUX SONORES
INTERDITS

CASSIS OU DOS D'ANE

INTERSECTION
DE ROUTES SECONDAIRES
PRIORITÉ A DROITE

SIGNAL DONNANT
PRIORITÉ A UNE ROUTE
A GRANDE CIRCULATION

CIRCULATION
A DOUBLE SENS

RESPECTEZ LA SIGNALISATION !

L'intensité du trafic fait aujourd'hui de l'observation stricte de la signalisation routière, une loi impérative, que vous soyez piéton, cycliste ou cyclomotoriste. A pied, ne traversez une chaussée qu'aux passages réservés aux piétons. A bicyclette ou à cyclomoteur : 1) ne circulez jamais à deux de front ; 2) ne transportez personne sur votre

ACCÈS INTERDIT AUX VÉHICULES DONT LE POIDS DÉPASSE LE TONNAGE INDIQUÉ

INTERDICTION DE DÉPASSER

INTERDICTION DE DÉPASSER POUR LES POIDS LOURDS

ACCÈS INTERDIT A TOUS VÉHICULES A MOTEUR

TRAVERSÉE D'UNE AIRE DE DANGER AÉRIEN

TRAVAUX

ENDROIT FRÉQUENTÉ PAR LES ENFANTS

PASSAGE A NIVEAU AVEC BARRIÈRE

ARRÊT AU BARRAGE DE GENDARMERIE

ARRÊT AU POSTE DE DOUANE

FIN D'INTERDICTION DE DÉPASSER

FIN DE LIMITATION DE VITESSE

SENS OBLIGATOIRE

SENS GIRATOIRE OBLIGATOIRE

COMMENCEMENT D'UNE ROUTE A PRIORITÉ

FIN D'UNE ROUTE A PRIORITÉ

véhicule ; 3) ne lâchez jamais le guidon, renoncez aux acrobaties ; 4) assurez-vous avant de partir que les freins de votre machine fonctionnent bien ; 5) évitez les vitesses élevées surtout en descente ; 6) dans les villes où il y en a, sachez que le tramway est toujours prioritaire ; 7) ne traversez jamais un passage à niveau fermé ; 8) ne vous accrochez jamais à un autre véhicule, plus gros ou plus rapide. Maintenant, même si vous la connaissez bien, revisez votre signalisation à l'aide de ces illustrations.

PLUTO CHEZ LES CASTORS

Enfin, ça y est ! Vous avez un chien ! Quel chien ? Qu'importent sa race et son pedigree : l'attachement que vous manifestera le petit chiot n'a rien à voir avec sa naissance. Ce qui importe, maintenant qu'il est entré dans votre maison, c'est de savoir comment vous comporter à son égard. Première règle à suivre : traitez-le avec douceur. Quand vous lui donnez un ordre, prononcez distinctement en utilisant toujours les mêmes mots. Ne tournez pas sans cesse autour de lui, et par-dessus tout, parlez-lui doucement, sans crier. Songez que votre chiot vient à peine de quitter sa mère, ses frères et sœurs pour être projeté brutalement dans votre monde à vous. Un monde qui est pour lui un monde de géants aux jambes interminables, avec des bras démesurés qui ne cessent de vouloir s'emparer de lui. Autre point important à garder en mémoire : le chien est comme un tout petit enfant. Comme lui il a besoin de sommeil. Laissez-le se reposer entre deux parties de jeux ou entre deux repas. Votre nouvel ami - appelons-le Pluto - n'a pas, pour le moment, votre résistance ; il ne peut pas soutenir le rythme déchaîné de vos jeux. Que lui donnerez-vous à manger et à quels moments ? Pour ce qui est de sa nourriture, mieux vaut se fier au vétérinaire chez qui vous conduirez notre ami pour qu'il l'examine et qu'il le vaccine. D'une manière générale, il prescrira du riz bouilli mélangé à de la viande hachée, à petites rations, quatre ou cinq fois par jour. Peut-

être un peu de lait. Et pour boire : de l'eau. Pas de bains avant qu'il n'ait atteint ses six mois. Il n'est pas impossible qu'au début Pluto se montre peureux, comme abattu, ou bien au contraire rebelle, hargneux, toujours prêt à mordre avec ses dents de lait. N'attachez pas trop

d'importance à ce comportement : Pluto a tout simplement besoin de vous connaître et de s'accoutumer à vous. Commencez par lui faire un petit cadeau : un cercle de caoutchouc dur (les balles sont à proscrire, car très dangereuses, l'animal pouvant s'étrangler). Avec son anneau, Pluto s'amusera... et se fera les dents. A propos de dents... Gardez-vous surtout de donner à Pluto des os, quels qu'ils soient, à ronger, même lorsqu'il sera grand. Et ne laissez traîner ni billes, ni soldats de plomb qu'il pourrait être tenté de se mettre sous la dent. En outre, ayez l'œil sur les rideaux, les tapis, les fauteuils. Vous lui apprendrez « en douceur » à ne pas y toucher. Ne le maltraitez pas. Contentez-vous de lui dire énergiquement : « Non ! », chaque fois qu'il prétend s'y intéresser. Après quelques interventions de ce genre, Pluto se fera un plaisir de vous obéir. Voici un autre point important. Personne n'a appris à Pluto à être propre. C'est à vous que ce soin incombe. Habituez-le à faire ses petits besoins sur plusieurs épaisseurs de papier journal sur le balcon, si vous en avez un, ou dans la salle d'eau. Vers l'âge de six à huit mois, et peut-être même avant, il saura attendre, si vous habitez en appartement, que vous lui fassiez faire sa promenade régulière.

Où devra-t-il dormir ? Dans *SON* lit. Vous trouverez sûrement chez un droguiste ou un marchand de couleurs une petite corbeille qui lui conviendra. Faites jouer Pluto, mais n'en faites pas un pantin.

Feriez-vous un esclave d'un de vos amis humains ? Prévoyez également pour lui une laisse et un collier à l'intérieur duquel vous ferez graver son nom, votre nom de famille, votre adresse et éventuellement votre numéro de téléphone. Si Pluto venait à se perdre, vous auriez ainsi toutes les chances de le retrouver. Et faites-le vacciner en temps voulu contre la rage et le typhus. Quand votre chien sera adulte, il deviendra, à vos yeux et dans la mesure où vous vous y serez employé, un prodige d'intelligence. Il sera aussi - c'est banal sans doute, mais c'est vrai - votre ami le plus fidèle.

PLUIE OU SOLEIL?

A défaut d'appareils météorologiques complexes, un Castor Junior doit posséder quelques éléments empiriques, mais très souvent valables, qui lui permettent de prédire le temps qu'il fera. En voici quelques-uns.
- La pluie ou le vent menacent lorsque la Lune s'entoure d'une auréole brumeuse ; - le temps est au beau fixe si la fumée d'une maison, d'une cheminée d'usine ou bien la vapeur d'une usine à gaz, montent verticalement et se dispersent aussitôt.
- L'orage menace lorsque le coq chante à une heure indue, lorsque les mouettes battent des ailes sur l'eau et que les hirondelles rasent le sol en poussant des cris stridents. L'araignée est une excellente météorologiste : lorsqu'elle se dépêche de tendre sa toile - et dans ce cas ses mouvements rapides ne laissent aucun doute à cet égard - c'est que la pluie menace ; en

revanche, si sa toile est lâche et si elle travaille avec des gestes lents, mesurés, c'est qu'une longue période de beau temps est en vue. S'il pleut et qu'elle continue son ouvrage, c'est que la pluie ne durera pas.

Un rossignol qui chante la nuit annonce également une longue période de beau temps.

Des nuages blancs et cotonneux sont annonciateurs d'un temps clair ; le vent menace s'ils deviennent tourmentés, étirés. Un coucher de soleil illuminant le ciel d'un jaune orangé très vif annonce du beau temps, mais un coucher de soleil jaune pâle devrait vous inciter à vous munir d'un parapluie pour le lendemain.

TOUS DEBOUT !

Pas vous, Castors Juniors, mais vos livres ! Car quoi qu'on fasse, il est difficile d'en sortir un d'une bibliothèque sans que les autres éprouvent aussitôt une vive propension à se coucher. Voici un moyen de remédier à cet inconvénient. Prenez une vieille boîte à chaussures. Découpez-en deux angles - ni trop haut ni trop bas, comme le montre la figure 1 ci-dessous. Enfilez ce carton entre la page de couverture et la première page du premier livre et le second entre la couverture et la dernière page du dernier de la rangée (fig. 2).
Vos livres désormais resteront toujours debout.

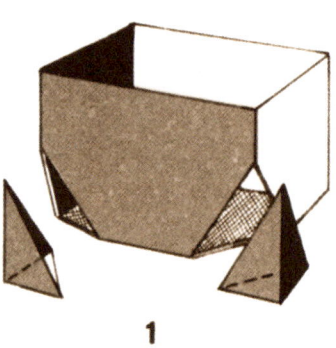

1

2

SI VOUS ALLEZ A LA MONTAGNE...

Avant de partir pour une excursion en montagne, préparez avec soin votre havresac. Sans doute les adultes qui vous accompagneront auront-ils tout prévu. Mais deux précautions valent mieux qu'une et quelques conseils qui vous paraîtront peut-être superflus pourront fort bien, les circonstances aidant, se révéler précieux. Voici donc ce que vous devrez emporter : Un pull-over en laine que vous passerez une fois l'ascension terminée, alors que vous serez en sueur ; deux serviettes ; du talc ;

une petite bouteille d'alcool à 90° avec lequel vous désinfecterez une éventuelle écorchure ; une bande de gaze ; un paquet de coton hydrophile ; une bonne paire de ciseaux ; un couteau de poche à tout faire, avec un ouvre-boîtes, un tire-bouchon et une bonne lame ; un rouleau de ficelle et un autre de corde ; une lampe de poche (piles en bon état) ; une boîte d'allumettes de sûreté ; un flacon d'huile solaire car le soleil est ardent en montagne. Une fois plein, votre havresac pèsera lourd sur vos épaules, surtout si ses courroies en cuir ont durci avec le temps. Assouplissez ces dernières en les passant à la vaseline ou bien en les enduisant de crème pour les chaussures.

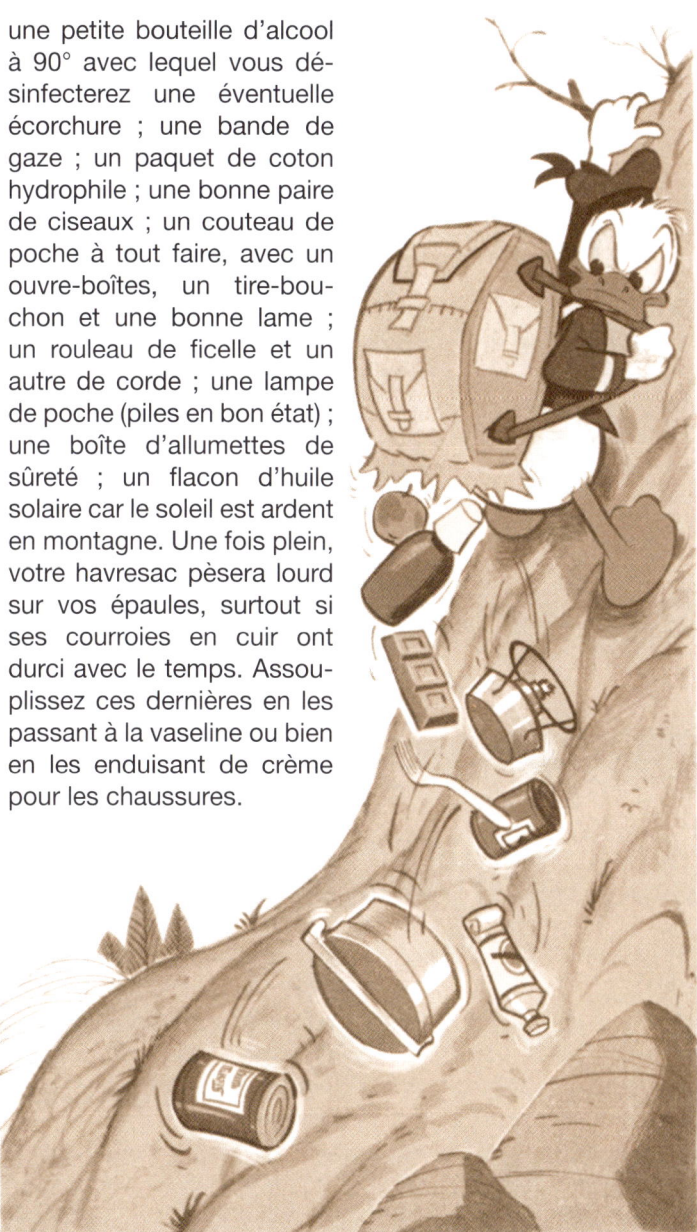

GARE AUX PIQÛRES

Un Castor Junior sait parfaitement comment éviter les piqûres de guêpes ou d'abeilles : en n'importunant pas ces insectes. Mais même sans cela, il se peut qu'une abeille vous pique. Que faire en pareil cas ? Inutile de sauter d'un pied sur l'autre en pinçant l'endroit piqué et en criant : cela ne sert à rien. Pensez plutôt à extraire le dard à l'aide d'une petite pince ; ensuite appliquez sur la piqûre des compresses d'eau vinaigrée, d'eau salée ou légèrement ammoniaquée. L'eau ammoniaquée pourra également calmer les piqûres de moustiques.

Si c'est une rose qui vous a piqué, pincez la blessure et faites sortir quelques gouttes de sang. Désinfectez et assurez-vous que l'épine n'est pas restée à l'intérieur, auquel cas il faudra la faire extraire avec une aiguille préalablement flambée. Il se peut aussi que par inadvertance vous traversiez un champ d'orties. Outre que vous éprouveriez à l'endroit touché une vive irritation, vous verrez naître sur la peau des cloques minuscules... mais très sensibles. Badigeonnez-les à l'alcool camphré. Enfin, si vous avez été victime d'un crabe, désinfectez la plaie avec l'une quelconque des solutions indiquées plus haut et appliquez des compresses d'eau de mer. En veillant bien toutefois à ne pas vous faire pincer par un autre crabe - sinon par le même !

RESTEZ SOUS LE VENT !

Le meilleur moyen de bien connaître les animaux c'est évidemment de les regarder de près. L'ennui, c'est que ceux d'entre eux qui ne sont pas domestiqués et vivent en liberté n'aiment guère la curiosité humaine. A vous de déjouer leur méfiance en vous tenant sous le vent. Si vous avez un jour la chance de visiter un parc national, ou de faire une excursion en forêt, commencez par bien observer le terrain. Lorsque vous aurez accoutumé vos yeux à en percevoir les particularités, vous parviendrez peut-être à distinguer des traces - ou plutôt des empreintes - d'animaux sauvages. A ce moment, vous éprouverez le désir de voir de plus près l'auteur de ces empreintes. Dans ce cas suivez bien ce conseil : abandonnez le sentier ou le chemin forestier et marchez lentement, silencieusement en ayant bien soin de vous tenir «sous le vent», c'est-à-dire de faire en sorte que le vent, même s'il est très léger, souffle contre vous. Dans le cas contraire, la simple odeur qui se dégage du

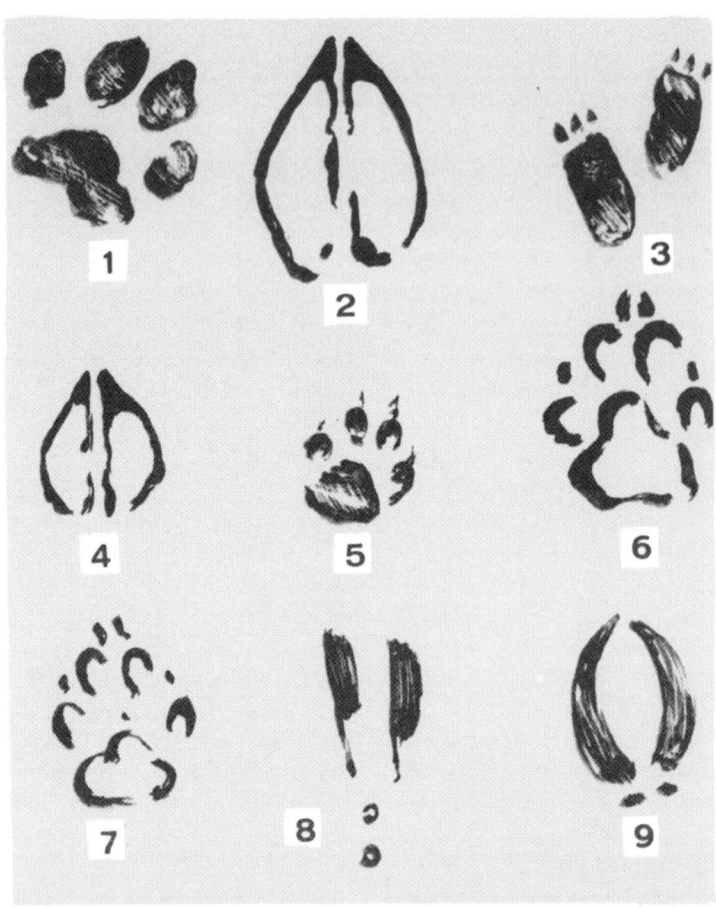

corps humain alerterait le flair extrêmement développé de l'animal. Ayant eu vent - et le terme est ici parfaitement justifié - de votre présence, il s'enfuirait. Et puisque nous y sommes, voici quelques empreintes caractéristiques d'animaux sauvages et domestiques (observez bien l'illustration) :

1 = Chat
2 = Cerf
3 = Ours
4 = Chèvre
5 = Chien
6 = Loup
7 = Renard
8 = Lièvre
9 = Chevreuil

CES MESSIEURS SONT SERVIS !

Débrouillard sur le terrain, un Castor Junior se doit également de bien recevoir chez lui. Voici donc quelques recettes ultrasecrètes de boissons que vous pourrez parfaitement préparer vous-même et dont se régaleront vos amis.

Orangeade au clair de lune : Pressez trois oranges et deux citrons et versez le jus dans une carafe. Sucrez à votre goût et ajoutez de l'eau minérale gazeuse ou non et quelques glaçons au moment de servir.

La pêche au thé : Faites chauffer de l'eau et retirez-la du feu au moment où elle s'apprête à bouillir. Versez-la dans une théière préalablement passée à l'eau chaude et ajoutez deux à trois petits sachets de thé. Laissez infuser 3 à 4 minutes. Retirez les sachets et laissez refroidir. Sucrez et ajoutez une belle pêche jaune découpée en minces rondelles. Laissez refroidir au réfrigérateur. Vous aurez une boisson délicieuse et rafraîchissante.

Le lait-menthe : Versez un demi-litre de lait et autant d'eau fraîche dans une carafe. Ajoutez du sucre et trois gouttes d'alcool de menthe que vous pouvez vous procurer chez le pharmacien. Vous nous en direz des nouvelles !

Voulez-vous devenir...

CHANTEUR ?

C'est à coup sûr un moyen d'accéder à la notoriété et même à la célébrité. Mais ce n'est pas facile. De toute façon, il vous faut une voix

---

Voulez-vous devenir...

CLOWN ?

Pourquoi pas après tout ? Mais sachez que c'est un métier très sérieux. Il n'est pas facile de faire rire les gens. Admettons cependant que vous ayez la vocation.

Voulez-vous devenir...

GÉOLOGUE ?

C'est une excellente idée. Mais à la condition que vous vous sentiez attiré par les études. Vous irez donc au lycée, passerez votre baccalauréat scientifique. Ce n'est

agréable ou originale et une bonne oreille... du moins en ce qui concerne la musique. Ensuite il vous faut pas mal ·de chance. Engagez-vous dans des concours de chant - même les plus modestes. Si vous voyez que cela marche, faites enregistrer votre voix et envoyez-la avec vos nom, adresse, âge et tous autres renseignements utiles à une grande maison de disques. Ensuite... Eh bien, votre bonne étoile vous sera d'un grand secours...

Le premier atout du clown, c'est son maquillage, en d'autres termes, la tête qu'il se fait. Composez-vous une figure de clown. Faites-vous photographier et envoyez la photo au secrétaire de l'*International Circus Clown Club* à Londres (Club International des Clowns de Cirque). Il la confrontera avec les centaines d'autres figures, peintes sur des œufs, qu'il possède. Si votre grimage est unique au monde, vous avez une chance de devenir clown... à condition qu'un cirque veuille de vous. Sinon, renoncez.

---

qu'un premier pas. Vous devrez ensuite entrer à la faculté et obtenir vos licences de géologie et de minéralogie. Cela évidemment occupera de nombreuses années. Ensuite, la Terre vous appartiendra ; tout au moins pour ce qui est de sa formation et de sa composition. La Terre et même la Lune puisque nous pouvons nous attendre que les cosmonautes nous en rapportent de plus en plus d'échantillons...

Voulez-vous devenir...

AVIATEUR ?

Professionnel, bien entendu. Plusieurs voies vous sont offertes, selon que vous désirez devenir pilote civil ou militaire. Dans un cas

Voulez-vous devenir...

FOOTBALLEUR ?

Avouez-le : comme beaucoup d'autres, vous rêvez des exploits d'un Pelé, de devenir vous aussi l'un des meilleurs footballeurs du monde, et de faire hurler les

Voulez-vous devenir...

SYMPATHIQUE ?

... C'est-à-dire établir avec vos semblables des rapports reposant sur une chaude cordialité ? Croyez bien que l'intérêt que vous susciterez autour de vous et le fait que l'on recherchera votre com-

comme dans l'autre, une excellente formation en mathématiques vous sera indispensable. Ensuite vous aurez le choix entre passer les concours de recrutement organisés régulièrement par les grandes firmes aéronautiques internationales comme Air France, ou bien l'École de l'Air de Salon-de-Provence, ou encore l'École Nationale de l'Aéronautique et de l'Espace à Toulouse. Vous aurez alors des chances sérieuses d'exercer l'un des plus beaux métiers du monde.

---

foules d'enthousiasme sur les stades. Commencez par vous inscrire auprès d'une société sportive affiliée à la Fédération française de Football, vous participerez ainsi aux tournois et championnats officiels. Ensuite, ce sera une question de tête et de jambes. A condition de montrer du talent et beaucoup de détermination, vous serez peut-être découvert par quelque chercheur de champions en herbe. Mais ne vous faites pas trop d'illusions : la lutte sera sévère...

---

pagnie méritent quelques efforts. Comment devenir sympathique ? Bah... en cherchant à l'être. En sachant par exemple combattre ses propres travers. Voici un bon point de départ : commencez par ne pas être timide. La timidité passe souvent pour une sorte de dédain. Saluez le premier, en regardant bien en face et en souriant franchement. Un salut cordial mettra presque toujours votre interlocuteur dans de bonnes dispositions à votre égard. Soyez agréable sans être envahissant, gai sans ostentation. En somme cherchez à imiter ce champion de la sympathie qu'est Mickey !

Voulez-vous devenir…

ASTRONAUTE ?

Pourquoi pas après tout ? Il y a tellement à faire dans l'Espace qu'il n'est pas impossible qu'un prochain jour, le

---

Voulez-vous devenir…

ACTEUR ?

C'est encore une profession à laquelle il est possible d'accéder par mille voies différentes. Par celle très classique du Conservatoire d'Art dramatique, par exemple. Ou bien, en passant par un cours spécialisé dans la formation des acteurs - mais où l'on

---

Voulez-vous devenir…

JOURNALISTE ?

Il ne vous est pas interdit de l'espérer si vous avez de la détermination, si vous vous intéressez à ce qui se passe à travers le monde. Et aussi, si vous disposez d'un minimum de talent (mais cela ne s'apprend pas) pour raconter

recrutement d'hommes destinés à travailler entre Ciel et Terre porte sur plusieurs milliers de sujets. Mais même si cette éventualité se vérifiait, il vous faudrait encore beaucoup compter sur la chance. Car il n'existe pas encore d'école préparant directement à l'astronautique. Une obligation quasi absolue toutefois : être un excellent pilote d'avions. Vous pourriez peut-être commencer par là.
Mais sans garantie...

ne recrute généralement que des candidats ayant, en plus de la vocation, de réelles dispositions. Ensuite, eh bien, il faut vous en remettre au hasard et à votre combativité. Vous rencontrerez peut-être un jour le metteur en scène qui aura précisément besoin de vous. Ou encore, vous répondrez aux petites annonces des journaux spécialisés (mais oui ! de grands acteurs ont débuté grâce à une petite annonce dans un journal). Vous pouvez aussi commencer par la figuration, les rôles obscurs, pour lesquels on recrute des inconnus dont quelques-uns deviendront célèbres.

ensuite par écrit les événements - aussi insignifiants ou importants soient-ils - que vous avez vécus ou dont vous avez été le témoin. Après de bonnes études qui vous permettent d'écrire correctement dans votre langue maternelle (mais une ou deux langues étrangères sont indispensables), vous pouvez entrer au service d'un journal dans un emploi peut-être subalterne mais qui vous mettra le pied à l'étrier. Ou bien suivre une école spécialisée dans la formation des journalistes. Cela est préférable car, ainsi, lorsque vous entrerez dans la profession, vous serez en possession d'un bagage de base qui vous servira par la suite.

CE QUI EST INTERDIT

Voici ce qu'un vrai Castor Junior ne doit pas faire s'il veut être digne de son titre :
- Respirer la bouche ouverte. La respiration par le nez protège contre la soif et les microbes. En outre, elle évite de ronfler en dormant.
- Accepter de prendre place dans une automobile, sur une moto ou un quelconque moyen de transport privé, ou de faire une commission, lorsqu'il y est invité par des personnes inconnues de lui.
- Demeurer indifférent lorsqu'il voit un garçon s'en prendre à plus faible que lui ou maltraiter un animal. Il doit intervenir d'une façon ou d'une autre.
- Jeter à terre des peaux de fruits ou du papier. C'est une question d'intelligence et de bonne éducation : un Castor Junior ne jette rien à terre, même pas son billet d'autobus. Il y a des corbeilles pour cela.
- Lancer des cailloux, surtout à la montagne, ou en faire rouler avec son pied, le long d'un sentier escarpé : cela pourrait blesser gravement quelqu'un ou provoquer un éboulement.
- Ramasser ou même écarter du pied un objet de nature inconnue se trouvant sur le sol.
- Courir alors qu'il tient à la main une bouteille, des ciseaux, un couteau ou tout autre objet pointu ou tranchant.
- Mouiller son doigt pour tourner la page d'un livre.
- Entrer où que ce soit sans s'essuyer les pieds.
- Viser qui que ce soit, avec une arme, même s'il a la certitude qu'elle est vide et même s'il s'agit d'un jouet.

APPRENDRE A EXPLORER...

... C'est aussi apprendre à *ne pas explorer*, par exemple une grotte. Le Castor Junior averti sait que c'est là une aventure qui exige une préparation matérielle poussée, une connaissance parfaite des lieux, des réflexes sûrs en cas d'incidents imprévisibles. Et surtout que cette opération ne s'effectue qu'en compagnie de personnes expérimentées. Le Castor Junior judicieux sait également que l'on ne pénètre pas «par curiosité» dans une grotte découverte à l'occasion d'une promenade en montagne : outre le danger d'éboulements toujours possibles, grottes et cavernes servent souvent d'abri à des animaux sauvages qui, dérangés et courroucés, peuvent avoir peur et vous attaquer. Tout change lorsqu'il s'agit de grottes classées monuments historiques : dès lors, il suffit de suivre le guide et d'admirer de tous ses yeux. Les conseils de prudence sont encore plus valables lorsqu'il s'agit de grottes souterraines. C'est là le domaine de spéléologues avertis et en *aucun cas* un Castor Junior ne doit se lancer seul, ou même en compagnie d'amis inexpérimentés, dans pareille aventure.

COMMENT GRIMPER A UN ARBRE

Une promenade en forêt peut donner au Castor Junior, qui veut dépenser son énergie, l'occasion d'une bonne séance de gymnastique amusante. Du même coup, il montrera son agilité et sa souplesse, même s'il ne peut rivaliser avec Donald lorsqu'il est poursuivi par un ours !

Grimper aux arbres est un exercice qui développe les muscles, la volonté, le sens de l'équilibre, et prépare ainsi aux difficultés de la vie quotidienne ou même à l'escalade alpine. Bien entendu, vous ne vous livrerez *jamais* à cette distraction hors de la présence d'une personne expérimentée. En outre, il est indispensable que vous vous soyez familiarisé avec la corde à nœuds et la corde lisse pendant les cours de gymnastique à l'école. Enfin, vous devrez être chaussé de solides chaussures de montagne à épaisse semelle de caoutchouc (le cuir ou la peau de buffle étant à éliminer parce que glissants). Donc, à condition de vous être muni d'une bonne

corde, agissez de la manière suivante : choisissez pour commencer un arbre relativement petit, mais robuste. Lancez la corde par-dessus la branche la plus grosse située le plus près du sol. Assurez-la, après avoir vérifié qu'elle est placée aussi près que possible du tronc. Les pieds prenant appui sur le tronc, rejetez votre corps en arrière et grimpez lentement en tirant avec vos bras sur la corde. Lorsque vous aurez atteint la branche la plus basse, reprenez votre souffle et reposez-vous avant de redescendre. Vous pratiquerez cet exercice à plusieurs reprises pendant plusieurs jours - l'escalade est une longue patience - avant de tenter l'étape suivante qui consistera à grimper, plus haut. Ce n'est que lorsque vous vous sentirez sûr de vous que vous pourrez tenter l'opération, toujours en procédant par paliers successifs, en vous arrêtant dès que vous vous sentirez essoufflé ou dès qu'une branche supérieure vous donne l'impression de n'être point assez solide. En tout état de cause grimpez en vous tenant toujours aussi près que possible du tronc, ce qui facilite les prises des pieds et des mains. Pourquoi pratiquer lentement, par étapes ? Pour vous accoutumer à la hauteur et ne point risquer, par une ascension trop rapide, d'être pris de vertige au moment de redescendre. Car la descente est plus difficile que la montée. D'où la nécessité d'une présence pour vous renseigner à tout instant sur la marche à suivre. Si, malgré tout, vous êtes saisi de vertige, ne vous affolez pas. Ne regardez plus vers le bas, mais vers le haut, respirez un bon coup, déglutissez calmement de la salive en vous répétant que rien ne peut vous arriver du moment que vous assurez bien vos prises.

J'AI UN CORBEAU POUR AMI

Depuis toujours, le corbeau jouit d'une mauvaise réputation qu'il ne mérite pourtant aucunement. Doué d'un sens particulièrement aigu du danger, il se révèle pour ses compagnons une excellente sentinelle contre les rapaces et les chasseurs. Il est vraisemblablement le seul, parmi la gent ailée, à s'arrêter pour porter secours à un de ses semblables blessé ou en difficulté.

Il n'est pas difficile d'élever un compagnon aussi secourable. Le mieux est évidemment de commencer avec un jeune corbeau tombé du nid. Mais les adultes s'apprivoisent fort bien aussi. A défaut de disposer d'une pièce spéciale, prévoyez une grande cage avec un perchoir et surtout une bonne réserve d'eau pour qu'il puisse boire et se laver à son aise. S'il est très jeune, donnez-lui à manger à petites doses de la viande cuite et des pommes de terre bouillies. Plus tard, devenu adulte, il se contentera de deux repas par jour, à heures fixes, composés de haricots et de lentilles cuites, de pâtes, de fromage, de blé, de reliefs de repas. Si vous l'avez eu jeune et si vous possédez un jardin, votre corbeau y vivra parfaitement en liberté et s'il s'envole, il reviendra toujours là où il a été élevé.

LE CARAMEL «CASTOR JUNIOR»

Le mot *caramel* est à l'origine un mot espagnol qui tire ses racines du latin *canna mellis* qui signifie «canne à sucre». Ce qui prouve bien que cette dernière est connue depuis fort longtemps. Quoi qu'il en soit, voici une recette pour faire des caramels au chocolat que vous apprécierez sûrement.

Commencez par enfiler un tablier de cuisine, peu importe s'il vous tombe jusqu'aux pieds ! Ensuite, versez un verre d'eau dans un verre et demi de sucre fin. Faites fondre le sucre en faisant chauffer le mélange à feu très doux en prenant soin de tourner avec une cuiller *en bois*. Laissez refroidir et ajoutez, tout en tournant toujours avec votre cuiller, deux tablettes de chocolat «à cuire» râpé, un demi-verre de lait, deux cuillers de beurre à peine fondu et enfin, si vous en avez, une cuillerée de miel.

Remettez le tout sur un feu très doux en remuant constamment pendant une bonne demi-heure. Lorsque le mélange est bien cuit, versez-le rapidement - car il ne faut pas laisser refroidir à ce stade - dans de petits moules. Si vous pouvez en disposer, le moule à glaçons de votre réfrigérateur fera parfaitement l'affaire. Laissez bien refroidir. Si vous avez scrupuleusement suivi nos instructions, vous allez vous régaler, vous et vos amis !

UNE BONNE RECETTE CASTOR

«Boire un petit coup, c'est agréable...» La chanson a eu son heure de gloire. Et fort justement, elle ajoutait : «Mais il ne faut pas rouler dessous la table...» Alors, s'il est vrai qu'un soupçon de liqueur peut relever une boisson, il est tout aussi vrai qu'il faut savoir se garder d'avoir la main lourde, les méfaits de l'alcool n'étant, hélas ! que trop connus. Voici donc la recette d'une

boisson sans danger que vos amis apprécieront, à condition que vous sachiez la réussir...

Procurez-vous 160 grammes de sucre en morceaux, trois petits paquets de sucre vanillé, 100 grammes de sucre en poudre, le quart d'un paquet de préparation destinée à faire une glace à la vanille (on en trouve dans le commerce), trois quarts de litre de lait, un tiers de verre à liqueur de rhum dilué dans deux fois autant d'eau et pour finir, trois jaunes d'œuf. Tous ces ingrédients devront se trouver à portée de votre main ainsi qu'un torchon à essuyer les assiettes et un essuie-main. Armez-vous d'une cuiller en bois et d'une spatule. Vous y êtes ? Vous pouvez commencer.

Versez dans un verre le produit à faire la glace. Avec la cuiller en bois, tournez tout en versant doucement trois cuillerées à soupe de lait ; veillez à ce que pendant cette opération, il ne se forme pas de grumeaux. Faites réchauffer dans le restant du lait dans lequel

vous aurez versé le sucre en poudre et les sachets de sucre vanillé. Juste avant l'ébullition, versez lentement le verre que vous avez préparé tout en tournant constamment avec votre cuiller en bois et tournez pendant trois minutes. Retirez du feu et laissez refroidir en continuant à tourner de façon à éviter que ne se forment ni grumeaux, ni agglomérats, ni bulles. Vous pouvez passer maintenant à une autre partie du programme. Mettez trois jaunes d'œuf au fond d'un bol et ajoutez les 160 grammes de sucre en morceaux. Tournez à l'aide de votre spatule en tenant si possible le bol légèrement incliné, jusqu'à ce que vous obteniez une crème très souple, presque écumeuse. Au début, vous rencontrerez de la résistance. Mais l'huile de coude aidant, le mélange se fera rapidement de plus en plus onctueux. Et puis, dites-vous bien que l'on a rien - surtout rien de bon - sans peine. Maintenant, revenez à votre mélange préparé en premier. Passez-le au chinois et versez-le dans la crème d'œufs ; remuez bien et versez lentement dans le tout le verre de cognac additionné d'eau. Vous disposez maintenant d'un mélange assez fluide. Versez-le dans une bouteille et laissez-le «poser» pendant une ou deux semaines. Ce délai expiré, vous pourrez offrir votre «cocktail explosif» à d'autres Castors Juniors. A faibles doses cependant, car ce n'est pas seulement une boisson délicieuse, c'est aussi un fameux reconstituant !

SUGGESTIONS ANTIHOQUET

Rien de... hic !... plus ennuy... hic !... yeux qu'un hoqu... hic !... hoquet... tenace. Que faire lorsqu'il se prolonge ? Vous pouvez toujours essayer une de ces solutions :
- Plongez un couteau la pointe en bas dans un verre d'eau et buvez ainsi quelques

gorgées en veillant à ce que le couteau ne tombe pas.
- Mangez une cuillerée de sucre fin le plus rapidement possible.
- Buvez une cuillerée de vinaigre dans lequel vous aurez mis deux sucres.
- Humectez de salive - ou avec de l'eau - le lobe de vos oreilles.

- Invitez vos amis à ne pas vous faire peur en poussant des cris ou en provoquant un gros bruit.

- Tournez rapidement vos bras en vous hissant sur la pointe des pieds.

- Comptez jusqu'à trente sans reprendre votre souffle.

PRÉPARONS LA VALISE !

Un Castor Junior étant appelé à se déplacer - pour les vacances par exemple ! - doit savoir préparer sa propre valise.

Premier point à retenir : ne jamais y faire entrer de tablettes de chocolat, de bonbons fondants, ni de chewing-gum qui, avec a chaleur pourraient fondre et salir les vêtements. A proscrire également les stylos, les bouteilles d'encre, les tubes de couleurs, la pâte à modeler et les allumettes : ces articles trouveront place dans un sac à part. Mais alors, que faire entrer dans la valise et comment ? Voici. Commencez par dresser la liste de tout ce dont vous aurez besoin, en fonction du temps que vous passerez hors de chez vous... sans oublier le réveil et la brosse à dents. Cette liste, bien entendu, sera trop longue : éliminez le superflu... Mais conservez la brosse à dents et le réveil. Posez maintenant la valise sur une table et procédez par ordre : au fond, les objets les plus lourds : livres, brosse à habits, (celle-ci dans une boîte afin d'éviter que ses soies ne se plient), chaussures, etc. Ces dernières devront se trouver d'un seul côté de la valise. Et maintenant, une « couche » de linge de corps. Dans les espaces vides, disposez

les chaussettes, les mouchoirs, le réveil, une bobine de fil. Vous pouvez maintenant passer aux vêtements. Si, une fois votre valise terminée, vous vous apercevez qu'il vous est impossible de la fermer parce que les serrures sont abîmées, ne vous en prenez qu'à vous-même : il fallait vérifier, avant de commencer, qu'elle était en bon état !

UN LIVRE A LA BROCHE !

Il arrive parfois que l'on ait du mal à feuilleter les pages d'un livre parce qu'elles restent collées les unes aux autres. Gardez-vous de les détacher à tout prix, même en vous y prenant doucement. Il y a mieux à faire. Laissez tout simplement votre livre pendant quelques minutes dans le four réglé sur une température très modérée. Défournez. Certes, il ne sera pas devenu mangeable. Mais après quelques heures d'exposition au soleil, les pages de votre livre s'ouvriront ainsi sans difficulté.

FLEURS CUITES A POINT

Voici un moyen de conserver avec leurs couleurs d'origine les fleurs que vous aurez cueillies pour votre herbier, ou que vous destinez à l'encadrement. Disposez ces fleurs entre deux feuilles de papier-buvard blanc. Étalez soigneusement les pétales, les feuilles, la tige, sans les froisser ni les écraser. Placez maintenant le tout entre deux briques et mettez au four réglé à la température de 60 degrés (4 au thermostat) pendant deux à trois heures. Éteignez le four et laissez refroidir. Lorsque vous retirerez vos fleurs, vous constaterez qu'elles ont conservé toutes leurs couleurs. Vous aurez peut-être envie de les utiliser pour décorer votre chambre.

LORSQUE L'ESTOMAC CHAVIRE...

Cela peut toujours arriver à n'importe qui. En avion comme en bateau ou même, plus simplement, en automobile ! Bien sûr, des cachets antinausée sont en vente dans les pharmacies. Mais tout le monde ne les apprécie pas. En revanche, si vous aimez le miel, vous voilà tiré d'affaire. Avant de monter sur le bateau ou dans l'avion, offrez-vous une bonne cuillerée de miel et répétez ensuite l'opération toutes les vingt minutes. Cela suppose que vous emmeniez un pot de miel et une cuiller. Mais on n'a rien sans rien. Si cela vous gêne, et que vous soyez en bateau, essayez cette recette : inspirez profondément lorsque le bateau « monte » et expirez à fond lorsqu'il « descend ». En avion, ou à la montagne, si vos oreilles deviennent douloureuses, avalez de la salive. Si, en altitude, vous éprouvez ce que l'on appelle le « mal des montagnes », contentez-vous de vous asseoir par terre et de boire du café ou du thé - en excursion, on en a toujours dans un Thermos.

DIRECTION : MER DES SARGASSES !

Si l'envie vous prenait un jour de vous régaler d'un plat d'algues marines (cela n'aurait rien de très singulier puisque les savants sont d'avis qu'un jour, les algues contribueront largement à l'alimentation d'un monde surpeuplé), alors mettez le Cap sur la mer des Sargasses. La mer des Sargasses ? Exactement. Car elle est, cette mer, à l'origine de plus d'un récit palpitant. Si vous désirez le vérifier, suivez plutôt une anguille. Ce poisson se rend régulièrement vers la mer des Sargasses, quel que soit l'endroit où il se trouve. Autre solution plus simple : consultez un atlas géographique. Vous y verrez dans l'Atlantique, une grande étendue d'eau toujours calme, divisée en deux zones : l'une entre les Bermudes et les Bahamas, l'autre plus à l'est. C'est ce qu'on appelle la mer des Sargasses. L'océan ici est en réalité un océan d'algues brunes. Ce qui, contrairement à la légende, ne l'empêche pas d'être navigable. D'autre part, toujours selon les savants, si ces algues étaient rationnellement moissonnées et traitées, elles fourniraient à elles seules assez de nourriture pour l'Europe entière.

VOTRE PONCHO

Fort à la mode en Europe depuis quelque temps, le poncho est un survêtement typique d'origine sud-américaine. Vous désirez avoir le vôtre en un tournemain ? Rien de plus simple. Procurez-vous un carré de tissu (de laine, de coton, ou simplement en matière plastique) d'un mètre de côté. Pliez-le en quatre, puis pressez, de façon à bien marquer le pli central. Découpez maintenant un carré de 10 cm de côté (dont vous pourrez ensuite arrondir les angles) en son centre. C'est terminé. Mais n'essayez pas, pour ce faire, de subtiliser une nappe du service de table ou le plaid dont votre maman est si fière.

APPRENEZ A BRAVER L'ORAGE

Il n'est pas rare qu'en plein été, un orage éclate brusquement alors que vous êtes en pique-nique à la campagne ou en promenade dans la forêt. Que faire ? Tout d'abord, ne pas s'affoler, ni courir : c'est le meilleur moyen de faire une mauvaise chute. Et encore moins chercher un abri sous un arbre et plus particulièrement s'il s'agit d'un arbre isolé : ce serait extrêmement dangereux. Mieux vaut rester à découvert sous la pluie. En prenant néanmoins quelques précautions. Par exemple, débarrassez-vous des objets métalliques que vous pourriez transporter ainsi que de toute canne, bâton, outil à manche long : rien de tel pour attirer la foudre. Comme la pluie tombe à grosses gouttes, mieux vaut s'en protéger. C'est le moment de sortir un de ces imperméables en matière plastique qui ne pèsent que quelques dizaines de grammes et trouvent facilement place partout (il faut toujours s'en munir lorsqu'on se rend en excursion). S'il n'existe aucun autre abri à proximité que votre tente, retournez-y, toujours sans courir. Une fois à l'intérieur, changez vos vêtements s'ils sont mouillés, quitte, si vous n'en avez pas de rechange, à vous enrouler dans une couverture. Étendez vos vêtements humides à l'intérieur de la tente en attendant de pouvoir les faire sécher au soleil qui, en plein été, réapparaît souvent après un orage subit.

SELON CE QUE SERA VOTRE ANIMAL FAVORI...

Quel est l'animal qui attire le plus votre sympathie ou votre admiration ? Contentez-vous de le choisir sur la liste que nous publions ci-après. Vous verrez plus loin ce que vous devez en penser et découvrirez peut-être un aspect inconnu de votre personnalité.

1. Le moineau.
2. Le chien.
3. Le chat.
4. Le cheval.
5. Le poisson.
6. Le tigre.
7. La panthère.
8. Le léopard.
9. Le papillon.
10. L'ours.
11. L'aigle.
12. Le faon.
13. L'agneau.
14. Le koala.

1. Celui pour qui les oiseaux sont des animaux de prédilection aime tout le monde animal en général parce qu'il aime réellement et profondément la nature. Il unit dans une même admiration la rose et le brin d'herbe. Signes caractériels distinctifs : gentillesse, tempérament actif, préférence pour la vie au grand air.

2. Qui aime les chiens démontre un caractère porté à l'altruisme, à la fantaisie. Il a grand-soif de justice. Celui-là n'aime guère les demi-mesures. Il se trouve aussi bien au grand air que chez lui devant un bon livre dans lequel

il restera plongé des heures durant. Il aime les aventures mouvementées, mais aussi les récits où l'humour tient sa place. C'est un lutteur par excellence qui ne se laisse pas facilement décourager par les difficultés.

3. Tendance à la paresse, aspect brillant, intelligence vive, esprit scientifique et progressiste, passion de la poésie mais aussi des sciences exactes, tous ces traits caractérisent celui qui préfère le chat aux autres animaux. Il est en général assez silencieux, économe, indifférent au jugement d'autrui. Assez exclusif dans ses amitiés, il ne déteste pas les milieux quelque peu « snob ».

4. Celui qui préfère le cheval aime la vie à ciel ouvert. Il n'en finirait pas de jouer au tennis ou de nager. Il ferait volontiers de la voile s'il n'aimait davantage la montagne que la mer. De tempérament sportif, il a du mal à imaginer que les autres ne soient pas comme lui et ne partagent pas toujours son enthousiasme pour tel ou tel sport. C'est en quelque sorte un personnage hors du commun et c'est un peu là le point noir de son caractère qui,

répétons-le, est par ailleurs d'une grande loyauté. Doux et paisible des années durant, il est capable de prendre soudain la mouche pour un oui ou pour un non.

5. La préférence pour les poissons - généralement concrétisée par la présence d'un aquarium dans la maison - révèle un grand besoin de tendresse. Celui chez qui elle se manifeste tient à se montrer original à tout prix, à se distinguer des autres.

Il aime par-dessus tout son indépendance, la musique, le silence et les bons livres.

6. Le tigre est certainement l'un des animaux les plus fascinants de la création : dommage qu'il soit si féroce ! Cela dit, celui qui préfère le tigre a généralement belle allure ; de tempérament sportif, il est doué d'un sens très vif de l'humour et éprouve un goût tout particulier pour les voyages et l'aventure. Dynamique, il veut réussir sa carrière. La promptitude de ses réflexes étonne parfois. Quel dommage cependant qu'il ait tant de mal à apprécier les choses simples !

7. Choisir la panthère indique un sens artistique extrêmement développé. Celui qui préfère ce félin arbore parfois des airs froids et détachés qui lui valent l'inimitié de ceux qui aiment les chiens, dont il est à l'opposé. Sa froideur le porte à considérer avec une objecti-

vité sans égale les choses et les gens. Ce qui est pour lui un grand avantage. Réfléchi, très intelligent, il ne peut que réussir dans sa vie privée et professionnelle. Il devrait toutefois s'attacher à se montrer moins revêche.

8. Le dynamisme caractérise essentiellement celui qui préfère le léopard. S'il aime cet animal, ce n'est certes pas pour le chasser et lui prendre sa fourrure, car il déteste la violence, la méchanceté, le mal fait à autrui. C'est une caractéristique d'autant plus curieuse que le léopard n'est pas un exemple de douceur. Quoi qu'il en soit, celui qui préfère le léopard est passionné de liberté - parfois même jusqu'à l'excès. Au point qu'il n'hésiterait guère à tout planter là afin d'obéir à son esprit aventureux. Par ailleurs, il aime tout particulièrement les fleurs et possède un sens esthétique développé.

9. Celui qui préfère le papillon et qui passerait des heures à en observer le vol, donne à l'aspect extérieur des choses et des gens davantage d'importance qu'à ce qu'ils sont en réalité. Toutefois, il démontre un tempérament poétique et littéraire très marqué ; lui-même s'enhardira souvent jusqu'à écrire des vers quand ce n'est pas quelque palpitant roman policier. Parmi les fleurs, il préfère les orchidées et est un grand collectionneur d'animaux natu-

ralisés, de livres rares, de timbres. S'il n'est pas riche, il a de fortes chances de le devenir grâce à sa ténacité, son application et son goût pour l'étude.

10. Vous avez choisi l'ours ? Vous êtes un bon vivant. Extrêmement sociable, aimant

rire, jouer, vous êtes profondément bon. Vous passeriez toutes vos journées avec vos amis tant est grand votre désir de communiquer tout ce que vous faites, tout ce que vous pensez. Méfiez-vous toutefois : votre excès de cordialité, de sincérité et de jovialité peut quelquefois heurter des susceptibilités. Car toutes les vérités, chacun le sait, ne sont pas bonnes à dire... Mais qui réussira jamais à vous faire taire ? Sous votre masque débonnaire se cache une volonté de fer ! Celle-là même qui vous conduira à prendre de grandes responsabilités.

11. Orgueilleux mais juste, celui qui préfère l'aigle à tous les animaux fera tout ce qui est en son pouvoir pour s'élever au-dessus de la moyenne. Et s'il y réussit, sa réussite est parfaitement légitime, car c'est un personnage très intelligent, éveillé, généreux et combatif, qui possède un sens très poussé de la justice et n'hésiterait pas à se jeter au feu pour sauver un ami. C'est en effet un être dont le sens protecteur est très développé. Il peut parfois paraître téméraire : il est seulement audacieux. Il peut sembler avare : il n'est qu'économe, réservant sa générosité aux cas indiscutables. Il peut paraître ironique, mordant : ce

n'est en réalité qu'un timide qui cherche à se défendre avec intelligence.

12. Ceux qui font du faon leur animal préféré n'ont rien à craindre : tout le monde les aime et chacun est prêt à se mettre en quatre pour eux. L'essentiel, pour le bénéficiaire de tant de bonne volonté, est de ne point se ren-

fermer sur lui-même, d'avoir confiance en ses propres moyens. Pas trop cependant, pas au point de se montrer imprudent. Car qui aime plus particulièrement le faon a tendance à considérer que la bonté est la caractéristique principale de notre monde alors que ce n'est pas toujours prouvé. Quoi qu'il en soit, il aime la forêt, les bois. Il serait même prêt à partir pour la Lune mais il y a en lui une curieuse contradiction : capable de se lancer dans les entreprises les plus audacieuses, il se cache à la moindre alerte. C'est en tout cas un excellent observateur apte à devenir détective ou peintre avec d'excellents résultats !

13. Ceux qui préfèrent l'agneau aiment la vie contemplative, la littérature, la poésie, les animaux, les grandes aventures scientifiques pour le bien de l'humanité. Comme tous les timides toutefois, l'agneau est capable de se faire tigre surtout si on le blesse. Il est alors capable de se rebiffer

avec une extrême vivacité et une grande audace. Vivant simplement, notre agneau sera un parfait fermier, capable de mettre sur pied une ferme modèle.

14. Véritable bouffon des sous-bois, le koala fait école : celui qui le préfère à

un bon géologue, un inventif créateur de mode. Son principal défaut est qu'il prend parfois les choses avec trop de légèreté et risque donc de négliger certaines réalités très sérieuses. Mais, de toute façon, cela présente un avantage : ceux qui vivent à son côté découvrent les bons aspects de la vie.

Que dire en conclusion de cet « animalhoroscope » ? Simplement ceci : que ceux qui, tout en s'intéressant aux animaux pour eux-mêmes, n'ont pas su désigner immédiatement celui qu'ils préfèrent, sont des êtres qui aiment la nature au sens propre du terme. Ils n'ont pas de complexes et ont tout ce qu'il faut pour réussir parce qu'ils aiment la vie et font confiance aux hommes.

tout autre animal deviendrait un excellent comédien. Bon, pétri d'humour et d'intelligence vive et fine, il se sent toujours bien dans sa peau, qu'il soit pauvre ou milliardaire. Devant lui s'ouvrent les carrières les plus attirantes ; il ferait un habile journaliste,

A QUELLE ALLURE MARCHEZ-VOUS ?

Aimeriez-vous connaître votre vitesse de croisière ? Il existe un moyen très facile de la calculer. Munissez-vous d'un cordon assez solide, long d'une soixantaine de mètres. Fixez l'une de ses extrémités à un gros caillou ou bien coincez-la sous un objet lourd et faites un nœud tous les 8,33 m sur toute la longueur de votre filin. Procurez-vous ensuite un chronomètre que vous tiendrez dans une main tandis que de l'autre, vous saisirez votre cordon à nœuds, attaché à son caillou. Laissez tomber

ce dernier et au moment même, commencez à marcher en laissant le cordon filer entre vos doigts. Marchez à votre pas habituel. Le nombre de nœuds qui seront passés entre vos doigts en l'espace de 30 secondes vous indiquera le nombre de kilomètres que vous parcourez en une heure en marchant du même pas. Car il y a dans une heure cent vingt fois 30 secondes et, par ailleurs, cent vingt fois 8,33 m représentent 1 kilomètre à quelques centimètres près. Si cinq nœuds sont passés, c'est que vous marchez à 5 kilomètres-heure. Enfantin, n'est-ce pas ?

DES MINI-MESURES QUI VOUS SERVIRONT TOUJOURS

Une cuiller à soupe contient :
15 grammes de liquide (lait, bouillon, etc.), 15g de sel de cuisine, 20 g de sucre en poudre.

Une cuiller à café contient :
5 grammes de liquide (lait, bouillon), environ,
5 grammes de farine et de sucre en poudre,
6 grammes de sirop.

NEZ A NEZ AVEC UN SERPENT !

En vacances à la campagne, à la montagne, au bord d'un lac, il n'est pas rare de se trouver brusquement en présence d'un serpent. Difficile de savoir s'il s'agit bien d'une couleuvre ou, au contraire, d'une dangereuse vipère lorsque l'on n'est pas rompu à ce genre de rencontre. Alors, que faire ? Avant toute chose, ceci : se garder de l'attaquer, ou même de tenter de s'en faire un ami en lui jouant de la flûte ! Contentez-vous tout simplement de passer au large aussi vite que vous le pourrez, tout en faisant bien attention de ne pas effrayer l'animal. Puis, vous avertirez vos parents ou quelque autre adulte. De toute façon - et même si vous avez emporté avec vous du sérum vendu en pharmacie dans une seringue prête à l'usage - mieux vaut se montrer très prudent là où vivent des serpents. Ne cherchez pas à déplacer de petits rochers : ils abritent souvent un nid de vipères.

COMMENT S'ORIENTER SUR UN PLAN DE VILLE ?

A vrai dire, ce n'est pas très compliqué et, à condition de savoir s'y prendre, il devient impossible de se perdre dans une ville. Voici comment pratiquer :
1. Étalez la carte sur une surface plane.
2. Prenez votre boussole et posez-la sur la carte.
3. Laissez l'aiguille de la boussole s'immobiliser sur le nord.
4. Sans bouger la boussole, faites tourner la

carte de façon que le nord indiqué sur la carte coïncide avec la direction nord de la boussole.

NE METTEZ PAS UN CHIEN DANS VOTRE MOTEUR !

Le chien s'accommode généralement très bien d'un voyage en voiture. Il vous appartient cependant de faire en sorte que ce voyage soit aussi agréable pour lui que pour vous. Ne le mettez pas dans le coffre à bagages, même s'il est ventilé : c'est barbare et dangereux pour la santé de l'animal. Ne le laissez pas, si possible, sur la banquette avant : il pourrait gêner le conducteur en cas de manœuvre imprévue et même se blesser à la suite d'un coup de frein brutal. Ne lui permettez pas de sortir la tête par une fenêtre : c'est un bon moyen de lui faire contracter une otite. Tenez-le simplement près de vous, où vous lui aurez fait une place à l'arrière. Il s'endormira bientôt.

COMMENT AVOIR DES IDÉES ET LES CONSERVER

Il n'existe - hélas ! - qu'un seul chapeau à faire naître les idées. Il appartient à Géo Trouvetou, lequel ne s'en sépare jamais. Or, un authentique Castor Junior se doit d'émettre de temps en temps une idée lumineuse. Mais comment faire naître des idées et comment les mettre en conserve de façon à les retrouver au moment opportun ? Voici une façon de procéder.

Première des conditions à observer : ayez toujours sur vous un petit carnet de poche et un stylobille. Vous aurez ainsi toujours à portée de votre main les moyens matériels essentiels pour enregistrer vos idées. A moins d'être sourd et aveugle, il est impossible que dans une journée vous n'assistiez pas à quelque fait intéressant ou n'entendiez quelque phrase faisant appel à votre imagination.

Notez-les en quelques mots. Ces notes brèves vous serviront à approfondir des notions que vous possédez déjà ou que vous acquerrez par la suite. Et ce n'est pas tout. Il arrivera certainement que l'observation que vous avez enregistrée fera naître en vous quelque bonne idée, ou bien vous apportera la solution d'un problème à première vue insoluble. N'oubliez pas, d'ailleurs, que les plus grands hommes ont eu recours à ce procédé dont l'utilité n'est donc plus à démontrer.

LES TRIBUS INDIENNES

Les Peaux-Rouges se répartissaient en plus de trois cents groupes et sous-groupes. Voici les principaux :

Apaches (de «Apacou» : ennemi. Mais les Apaches s'appelaient eux-mêmes N'De, ce qui signfie «peuple»).

Arapahos (de Larapihu = marchand).

Assiniboin (ce nom dérive d'un mot chippexa signifiant «cuisseurs de pierres»).

Atsina (de At-se-na = Peuple courageux). Les Blancs les appelaient encore «Gros Ventres», non parce qu'ils étaient ventripotents, mais parce qu'ils vivaient sur les bords du fleuve Big-Belly (gros-ventre).

Blackfeet (ou Siksika) = Pieds-Noirs : ainsi nommés parce qu'ils teignaient leurs mocassins à la cendre des feux de prairies.

Caddo (signification inconnue).

Cherokee (de Chiluk-ki = Peuple des cavernes).

Cheyennes (un mot qui signifie «Peuple» en algonquin).

Chickasaw (signification inconnue).

Chippewa (ou Ojibwa = rouge. Se réfère à la couleur de la couture des mocassins.

Comanches (signification inconnue).

Creek (le nom dérive du mot anglais «creek» : rivière).

Crow traduction anglaise de la traduction française de Absàroka = Hommes-Corbeaux.

Dakota encore appelés Sioux = vipère, dans le sens d'ennemi. En réalité le mot Dakota en nodowassi signifie « allié ».

Delaware d'après le nom de lord Delaware, un des premiers colonisateurs de la Virginie. Ces Indiens s'appelaient eux-mêmes Nelape = Peuple fidèle.

Erie à la longue chevelure.

Hidatsa = Pasteur. Nom qui leur fut donné parce qu'ils vivaient sur un territoire formé de pâturages abandonnés.

Hopi Hopitu = pacifique.

Huron = rude. Ces Indiens s'appelaient eux-mêmes Wyandot = Hommes insulaires.

Iroquois de Irikhoiw = authentiques serpents.

Kiowa = c'est le premier peuple.

Modoc = désigne les Méridionaux.

Natchez aucune signification connue.

Navaho de Navahu = Terre fertile.

Nez-Percé (ainsi nommés par les Français parce qu'ils avaient coutume de se percer les narines pour y passer des anneaux et autres ornements).

Omaha (= ceux qui vont contre le vent).

Osage (de Wazhazna, terme de signification inconnue).

Papago (= Peuple des haricots).

Pawnee (de Pariki = corne, figurée par l'unique touffe de cheveux conservée sur un crâne rasé).

Potawatomi (= le peuple du feu).

Séminole (= ceux qui n'habitent pas régulièrement dans des villages).

Shawnee désigne les Méridionaux.

Shoshoni = signification inconnue.

Winnebago = Peuple des mauvaises eaux. Les Anglais les appelaient « Stinkards » = Malodorants.

Yuma aucune signification connue.

Zuni (de Sun'Nyitsa. Un mot typique de la langue keres qui a été quelquefois traduit par l'expression : «hommes aux ongles longs, très longs»).

COMMENT ALLUMER...
ET ÉTEINDRE UN FEU

En ce qui nous concerne, nous déconseillons formellement aux Castors Juniors d'allumer des feux n'importe où en cours d'excursion ou de pique-nique. Que ce soit à la campagne ou à la montagne et même si les règlements forestiers ne l'interdisent pas en tel ou tel endroit, un feu peut toujours être dangereux, pas seulement pour ceux qui l'allument, mais parce qu'il peut se propager en un rien de temps et mettre en danger la vie et les biens d'autrui.

Si, au cours d'une sortie, il vous arrive de faire un feu après vous être renseigné auprès des gardes, ayez soin de débarrasser le terrain tout autour du foyer des feuilles mortes, tas de paille, vieux papiers, etc. Une fois le feu éteint, veillez à ce qu'il soit bien mort et n'hésitez pas à arroser les cendres d'eau. Pour finir, recouvrez les braises fumantes de terre à laquelle ne se trouvera mêlé aucun brin d'herbe ou de paille, sèche ou non. Vous ne prendrez jamais assez de précautions pour éviter les incendies.
Prêtez toujours attention !

A QUI ÉCRIRE ?

Seriez-vous collectionneur de cartes postales ? Aimez-vous recevoir des lettres d'amis, de parents et peut-être même un petit présent de temps à autre ? Il n'existe pas trente-six moyens d'éprouver des satisfactions sur tous ces plans : envoyez vous-même des cartes postales, des lettres et dans la mesure de vos moyens, même modestes, un petit présent à ceux que vous aimez. Surmontez la paresse naturelle de tout individu devant sa correspondance. Pensez à la tante, au cousin qui aimerait recevoir de vos nouvelles, à l'ami qui est parti habiter une autre ville, peut-être même à votre instituteur ou professeur et montrez-leur que vous ne les oubliez pas. Outre la satisfaction d'avoir fait une bonne surprise à quelqu'un à qui vous tenez beaucoup, vous aurez la joie de recevoir du courrier... y compris des cartes postales naturellement. Voici maintenant quelques recommandations pratiques. N'oubliez jamais de mettre la date sur votre courrier. Inquiétez-vous de ce que fait votre correspondant, mais, sans être trop personnel, parlez-lui de vos activités, de votre famille : c'est ce que l'on

appelle «donner des nouvelles». N'oubliez jamais un petit mot aimable ou affectueux, selon les cas, à la fin de votre missive : c'est celui qu'en dehors des «nouvelles» on retient le plus lorsqu'on a reçu une lettre !

CHERCHEZ... A NE PAS CHERCHER !

Courir au Bureau des Objets trouvés chaque fois que l'on a besoin de quelque chose que l'on ne retrouve plus n'est ni pratique ni passionnant ; cela fatigue à la longue. Le mieux est donc de pouvoir retrouver tout de suite ce dont on peut avoir besoin. Un seul moyen pour

cela et qui tient dans une maxime : «Une place pour chaque chose et chaque chose à sa place.» C'est possible avec un peu de volonté. Par exemple, vous partez en voyage. Rien de

plus simple que de compter régulièrement les articles (valises, sacs, paquets... à la rigueur les petits frères et sœurs !) dont la charge vous a été confiée. Si vous cherchez un livre ou un jouet, ne bouleversez pas toute la bibliothèque, ne videz pas le coffre à jouets pour en répandre le contenu à travers la pièce : vous créerez du désordre et ne trouverez plus rien. Passez calmement en revue les rayons de la bibliothèque et le contenu du coffre. Et si vous vous souvenez enfin après deux heures de vaines recherches que vous avez prêté le mois dernier le livre ou le jouet en question, eh bien, tant pis pour vous ! Vous n'aviez qu'à noter ce prêt sur un carnet pense-bête !

NE FONCEZ PAS DANS LE BROUILLARD !

Et plus particulièrement si vous vous trouvez dans une région montagneuse que vous connaissez mal. Mais alors, diront les Castors Juniors, toujours à l'affût d'une solution à un problème donné, que doit-on

faire ? Eh bien, tout simplement, tenez-vous tranquille et armez-vous de patience. Un brouillard brutalement tombé - à moins que la nuit ne soit très proche, auquel cas il était déjà imprudent de vous trouver loin de votre base - peut disparaître aussi rapidement qu'il est venu, car il peut ne s'agir en réalité que d'un nuage qui passe. Vous écarter de l'endroit où vous êtes ne pourrait qu'aggraver la situation, en vous égarant pour de bon. En plaine, toutefois, il est rare que la visibilité soit à peu près nulle. Le brouillard faisant progressivement son apparition doit vous inciter à redoubler de vigilance en ce qui concerne l'identification des points de repère notés dans votre mémoire lors du trajet aller.

UN AMI EN DIFFICULTÉ...

Sauriez-vous, en cas de besoin, construire rapidement une civière ? Imaginez par exemple que, vous trouvant en excursion, un de vos compagnons se fasse une

entorse ou se sente fatigué... Dans ce cas, procurez-vous deux solides branches aussi droites que possible. Posez-les sur le sol à 45 cm l'une de l'autre et réunissez-les par une veste que vous boutonnerez pardessus (les deux branches à l'intérieur de la veste). Un lainage roulé en boule sous la tête du blessé fera office de coussin.

LES GRAINS DE BEAUTÉ PARLENT !

Selon une antique croyance orientale, les grains de beauté auraient une signification particulière et, selon leur emplacement, révéleraient certains traits de caractère de celui qui les porte. Regardez-vous donc dans la glace et si vous ne trouvez pas de grain de beauté sur votre visage, ne perdez pas votre temps à faire des grimaces. Mais si vous en découvrez un sur votre nez, sachez que vous avez le sens des affaires. S'il est sur le menton vous pourriez être doué pour les opérations boursières. Est-il sur la joue ? Alors vous êtes gourmand mais généreux et c'est un trait agréable de votre caractère. Il est sur le milieu du front ? Vous êtes l'intellectuel idéaliste-type. Sur le bord d'une lèvre ? C'est l'indice classique de l'humour et du sujet promis à une belle carrière.

LE SENS SECRET DE VOTRE PRÉNOM

Tous les prénoms ont un sens précis - parfois facilement saisissable comme Rose, Marguerite, Benjamin - et parfois mystérieux parce qu'ils dérivent d'idiomes très anciens ou de langues étrangères. D'autres encore découlent de noms de personnages célèbres : Adam ou Roland par exemple. Il reste que, comme l'a dit Frédéric Mistral, «j'ai souvent remarqué que le nom que nous portons a quelque chose de fatal et de prédestiné». Sans nous lancer dans des analyses qui nous mèneraient trop loin, voyons le sens secret des prénoms figurant au calendrier. Vous serez parfois surpris de découvrir combien, en effet, un personnage peut s'identifier à son prénom - à moins que ce ne soit le contraire...

A

Abel : de l'hébreu *Abal* : celui qui pleure. Pratique, renfermé mais généreux.

Abraham : autoritaire mais indulgent.

Achille : bon mais susceptible.

Adalbert : *l'illustre, le noble*. Très vivant mais fantaisiste.

Adam : hautain mais tempérament artistique développé.

Adèle : *la noble*. Gaie, fascinante et malicieuse.

Adéodat : *noble otage*. Généreux et altruiste.

Adolphe : *le noble loup*. Taciturne mais imposant.

Adrien : *natif d'Adria*. Loyal et très tenace.

Agathe : bonne, vertueuse et courageuse. Femme d'intérieur.

Agénor : *le fort*. Physiquement et moralement.

Agnès : *la pure*. Souriante, silencieuse, aime son intérieur.

Aignan : *le doux*. Dévouement extrême et réservé.

Ajax : *l'ombrageux*. Sûr de sa force. Hautain mais fidèle.

Alain : *le troublant*. Intelligence raffinée mais sens des affaires.

Albin : *la blancheur*. Il sait conseiller et convaincre ses amis.

Albéric : *l'inébranlable*. Imagination vive mais calme et raisonneuse.

Albert : *illustre, brillant*. Esclave de la parole donnée. Sacrifie ses avantages à l'honneur.

Alceste : *le fort :* capable d'un grand dévouement.

Alcide : *le roc*. Tempérament rude, mais bonté cachée.

Alexandre, Alexis : *le protecteur des hommes*. Ambitieux et énergique.

Alfred : *le pacifique*. Aime la solitude et la nature.

Alice : *la protectrice :* un peu hautaine mais généreuse.

Aline : *la piquante*. Charmante, causante, aimable et enthousiaste.

Alphonse : *Rapide dans l'action*. Orgueilleux et impulsif.

Ambroise : *l'immortel*. Tempérament fougueux mais loyal.

Amédée : *celui qui aime Dieu*. Sens de l'humour développé.

Amélie : *la laborieuse*. Caractère doux et soumis.

Anastase : *le ressuscité*.

Intelligence agrémentée de fantaisie.

André : *le viril*. Intelligence pratique et ambition.

Angélique : *la messagère*. Imaginative et pleine de vie.

Anne : *la clémence*. Intelligence et énergie.

Anselme : *protégé de Dieu*. Destiné à de grandes actions.

Antoine : *celui qui fait face*. Très sensible. Vise loin.

Ariane : *l'irréprochable*. Intelligence et énergie.

Aristide : *le meilleur*. Aime sa maison et sa famille.

Arlette : *la coquette*. Intelligence éveillée. Volonté mais fatalisme.

Armand : *celui qui est aimé*. Vaguement taciturne et fanfaron à la fois.

Arnaud : *l'aigle protecteur*. Caractère solide et grandes possibilités.

Arthur : *dur comme la roche*. Réservé et sûr de lui.

Athanase : *l'immortel*. Intelligent, équilibré et pratique.

Audouin : *le hardi*. Possède un sens très vif de l'amitié.

Auguste, Augustin : *le majestueux*. Timide mais orgueilleux.

Aurélien : *qui brille*. Esprit méditatif ; très studieux.

Aurore : *lever du jour*. Grâce un peu prétentieuse. Rêveuse et romanesque.

B

Baptiste : *le baptisé*. Il a un grand sens du devoir.

Barbara : *l'étrangère*. Romantique et quelque peu grognon.

Barnabé : *fils de Naba*. Généreux mais peu sociable.

Barthélémy : *le belliqueux*. Il a le sens de la justice.

Basile : *le roi*. Tempérament aristocrate et un peu snob.

Baudouin : *compagnon hardi*. Caractère ferme et dur.

Béatrice : *la bienheureuse*. Excentrique et un peu brouillonne.

Benigne : *bienveillant*. Caractère actif et persévérant.

Benjamin : *le privilégié*. Affectueux, il aime la douceur.

Benoît : *le béni*. Inconstant, mais dévoué.

Bérénice : *la victorieuse*. Vous pouvez vous y fier : elle ne vous décevra pas.

Bernard : *l'ours hardi*. Courageux mais pas impulsif.

Berthe : *la splendide*. Patience et sociabilité.

Bertrand : *le chef*. Il aime les farces et l'activité.

Blaise : *le balbutiant*. Il parle peu et bas.

Blanche : *comme son nom l'indique*. Capricieuse et d'un esprit fin.

Bonaventure : *celui à qui tout réussit*. Décidé mais en général peu chanceux.

Boniface : *qui fait le bien*. Très consciencieux.

Brigitte : *la forte*. Tempérament versatile.

Bruno : *l'obscur*. Orgueilleux et parfois susceptible.

C

Calixte : *le très beau*. Sens pratique mais peu de fantaisie.

Camille : *ministre de Dieu*. Sentimental et un peu rêveur.

Carmen : *jardin bien cultivé*. Séduisante, intrépide mais violente.

Caroline : *la grandiose*. Charme, grâce et absence de complications.

Casimir : *le prêcheur*. Il prêche la paix mais ne déteste pas la guerre.

Catherine : *la pure*. Pratique, active, fièvre d'initiatives.

Catulle : *le petit chien*. Grand poète, très sensible.

Cécile : *l'aveugle*. Elle a pourtant de beaux yeux. Très vive.

Céleste : *venue du ciel*. Nature sereine et optimiste.

Célestin : *la perfection*. Assez terre à terre et positif.

César : *le cheval*. Forte personnalité ; orgueilleux, dominateur.

Charles : *le gaillard*. Pratique, astucieux, grande mémoire.

Christian : *fidèle du Christ*. C'est un calme mais très tenace.

Christophe : *qui porte le Christ*. Rude mais cœur d'or.

Claire : *l'illustre*. Éveillée, vivace, imaginative.

Claude : *le boiteux*. Affectueux, studieux, très expansif.

Clément : *digne de son nom*. Un peu rêveur et sentimental.

Cléopâtre : *gloire du père*.

Raffinée et aristocratique.

Clotilde : *don illustre*. Elle s'intéresse à l'art et à la poésie.

Colette : *la triomphatrice*. Gentille, gracieuse, s'adapte facilement.

Conrad : *l'audacieux*. Viril, impulsif, porté à l'action.

Constant : *digne de son nom*. Fidèle, scrupuleux, tenace.

Cyprien : *natif de Chypre*. Intelligent, mais se tient à l'écart.

Cyriaque : *le dominical*. Bon, charitable, sans prétention.

Cyrille : *petit seigneur*. Vaniteux mais peu rancunier et sociable.

D

Damien : *l'investigateur*. Il se tire toujours d'affaire.

Daniel : *jugé par Dieu*. Affectueux, génial, intuitif.

Darius : *il réprime*. Attiré par la science et la technique.

David : *l'aimé*. Tempérament riche et dévoué.

Delphin : *de Delphes*. Imaginatif, sensible mais moqueur.

Denis : *cher à tous*. Constant et fidèle dans ses affections.

Désiré : *le bienvenu*. Brillant, pratique, actif.

Diane : *la splendide*. Aristocratique et ombrageuse.

Didier : *l'instruit*. Actif, tenace, sait ce qu'il veut.

Dolorès : *la douleur*. Elle a du courage et de l'orgueil.

Dominique : *le dominical*. Rude, sûr de lui, fort.

Dorothée : *don de Dieu*. Délicate, fine, très sensible.

E

Edith : *la noble*. Courageuse, intelligente et curieuse.

Edmond : *le protecteur*. Orgueilleux, intelligent et actif.

Édouard : *le gardien*. Solide plus que brillant, mais réaliste.

Edwige : *la guerrière*. Rapide dans ses décisions.

Éléonore : *la compassion même*. Sait se rendre sympathique.

Élie : *Dieu seigneur*. Pas toujours facile à vivre mais dévoué.

Élisabeth : *la promesse de Dieu*. Ne manque pas de fantaisie.

Élisée : *sauvé de Dieu*. Du cœur et de l'esprit.

Éloi : *le soleil*. Sincère, ouvert, plein de fougue.

Emma : *la pacifique*. Pratique, ordonnée, femme d'intérieur.

Emmanuel : *Dieu est avec nous*. Intelligent, impulsif.

Émile : *le rival*. Aime les discussions et la recherche.

Ernest : *le sérieux*. Bon, affectueux et très gourmand.

Esther : *l'étoile*. Elle peut se montrer excellente sportive.

Étienne : *la couronne*. Original, curieux de tout et de tous.

Eudes : *le bien*. Sérieux et vaillant.

Eugène : *le bien-né*. Aime les sciences plus que les arts.

Eulalie : *je parle bien*. Romanesque, curieuse, aime les voyages.

Euphrosyne : *je suis gaie*. Très poétique, manque de réalisme.

Eusèbe : *le pieux*. A les pieds sur la terre.

Évangéline : *porte la bonne nouvelle*. Simple, laborieuse.

Évariste : *le meilleur.* Réaliste et constructif.

Ève : *la vie*. Esprit artistique et curieux de tout.

F

Fabien : *fève*, en latin. Promptitude et élégance.

Fabrice : *le forgeron*. Ne se laisse pas prendre au dépourvu.

Fanny : *la secrète*. Agréable, complaisante et très simple.

Félix : *limpide*. Pratique et volontaire.

Ferdinand : *le pacifique*. Il sait intéresser l'entourage.

Fernand : *a conquis la liberté*. Très causant. Amour-propre chatouilleux.

Firmin : *solide, stable*. Opiniâtre, mais d'une énergie calme.

Florent : *la fleur du bien*. Idéaliste, courageux, actif.

François : *le Français*. Compliqué mais plein de bon sens.

Frédéric : *le bienveillant*. Il ne manque toutefois pas d'orgueil.

Fortune : *qui prospère*. Persévérance mais résignation.

G

Gabriel : *force de Dieu*. Combatif, travailleur, orgueilleux.

Gaétan : *natif de Gaète*. Simple, rude mais bon.

Gaston : *l'hospitalier*. Généreux, ambitieux mais indépendant.

Geneviève : *gouttes limpides*. Ame noble et courageuse.

Georges : *l'agriculteur*. Intelligent mais un peu brouillon.

Gérard : *guerrier hardi*. Vie mouvementée mais laborieuse.

Germain : *le frère*. Entreprenant et résolu.

Germaine : *la guerrière*. Réaliste et pratique, aime l'ordre.

Gertrude : *armée de lances*. Esprit combatif.

Gervais : *lance puissante*. Aime les idées plus que les faits.

Ghislain : *compagnon*. Bon, mais se croit volontiers incompris.

Gilbert : *le brillant*. Raffiné et plein de charme.

Gilles : *ami protecteur*. Simplicité mais courage dans l'action.

Giselle : *rayon de soleil*. Capable d'une chaude amitié.

Godefroy : *en paix avec Dieu*. Dirigeant par instinct.

Godeleine : *la pure*. Résignation jusqu'à l'héroïsme.

Graziella : *l'enthousiasmante*. Éveillée et efficace.

Grégoire : *le meneur d'hommes*. Affronte la vie comme une lutte.

Guillaume : *qui se défend*. Caractère plutôt singulier.

Gustave : *sceptre royal*. Sensible sous sa rudesse.

Guy : *le voyant*. Bref, précis, tranchant mais distingué.

H

Hector : loyauté, vaillance, courage malheureux.

Hélène : *éclat du soleil*. Imaginative, romanesque et... versatile.

Henri : *maître de sa maison*. Sympathique, aimant la vie, économe.

Honoré : *le respecté*. Modeste, travailleur.

Hortense : *jardin*. Pas banale mais distante.

Hubert : *brillant esprit*. Débrouillard, volontaire et patient.

Hugues : *penseur intelligent*. Aimable, courtois, mais rude au fond.

I

Ida : *la guerrière*. Imagination vive et brillante.
Ignace : *le fils*. Sérieux, réfléchi, affectueux.
Innocent : *s'explique de lui-même*. Aime la simplicité.
Irène : *la paix*. Calme, mais seulement en apparence.
Irma : *la germanique*. Autoritaire, orgueilleuse.
Isabelle : *la phénicienne*. Très versatile, mais très digne.

J

Jacques : *qui laisse Dieu*. Parole facile, mémoire vivace.
Janvier : *cher à Jean*. Un être sympathique, ami de tous.
Jean : *aimable*. Don d'adaptation. Ardent et généreux.
Jeanne : *remplie de grâces*. Énergique, intuitive, grande mémoire.
Jérôme : *nom sacré*. Excellentes possibilités, mais fantaisiste.
Joachim : *ancêtre du Seigneur*. Impétueux et loyal.
Joseph : *accroissement*. Organisateur, aime le travail suivi.
Josué : *Dieu est le Seigneur*. Énergie et sensibilité.
Judith : *la juive*. Belle, énergique, douée, mais cruelle.
Jules : *le frisé*. Esprit pratique et très positif.
Justin : *l'équitable*. Peu malléable mais tenace.

L

Laetitia : *la joyeuse*. Ambitieuse mais malchanceuse.
Lambert : *l'illustre*. Penchant pour les expériences nouvelles.
Laurent : *ceinturé d'or*. Bon caractère, esprit imaginatif.
Lazare : *Dieu m'aide*. Incrédule, plaisante volontiers.
Léa : *la lionne*. Nature très fière et courageuse.
Léandre : *la douceur*. Sensible mais renfermé, distant.
Léon : *le lion*. Plutôt rebelle.
Léopold : *fier parmi son*

peuple. Sociable, expansif.

Liliane : *fleur de lin*. Insouciance, joie de vivre.

Louis, Ludovic : *le valeureux*. Surmonte facilement les obstacles.

Luc, Lucien : *lumineux*. Travailleur acharné et intelligent.

Lydie : *née en Lydie*. Romanesque, imaginative mais sincère et loyale.

M

Madeleine : *de Magdala*. Indépendante et généreuse.

Marc : *celui qui frappe*. Expansif et précis dans son travail.

Marguerite : *la perle*. Gaie, ouverte, sympathique.

Marie : *la noble*. A la fois douce et énergique.

Marius : *l'homme de la mer*. Aime la nature, la vie en plein air.

Martial : *le chef*. Nature généreuse, peu expansif.

Martin : *cher à Mars*. Bon mais un peu rebelle.

Mathieu : *l'homme de Dieu*. Sentimental, fidèle à ses amis.

Mathilde : *la guerrière*. Elle ne recule devant rien.

Maurice : *le brun*. Aime le travail et l'étude.

Maxime : *le très grand*. Sait ce qu'il veut et l'obtient.

Mélanie : *la très brune*. Observatrice, organisatrice. Sévérité.

Michel : *semblable à Dieu*. Ne peut vivre qu'en liberté.

Monique : *la solitaire*. Aime à s'en tirer toute seule.

N

Nathalie : *a de la naissance*. Sort de la banalité mais aventureuse.

Nicolas : *le victorieux*. Caractère optimiste et souriant.

Noël : *joie de la naissance*. Timide mais jamais peureux.

Noémie : *riche de grâce*. Sait s'imposer avec tact.

Norbert : *homme du Nord*. Pas très original mais méthodique et sûr.

O

Octave : *le huitième*. Très intelligent. Volonté solide.

Oddon : *le patron*. A des manières fascinantes.

Odette : *la noble*. Capable de commander avec douceur.

Odile : *soleil divin*. Compréhensive, réfléchie.

Olivier : *symbole de paix*. Pacifique, affectueux.

Olympe : *divine*. Au-dessus de la réalité mais volontaire.

Oreste : *habite la montagne*. Un cœur d'or sous des dehors rudes.

Oscar : *lance de Dieu*. Tient à ses idées et aime polémiquer.

Oswald : *règne de Dieu*. Grande maîtrise, volonté affirmée.

P

Palmyre : *ville des arbres*. Ne plie pas facilement.

Pancrace : *le lutteur*. Sait comment obtenir ce qu'il vise.

Pascal : *du temps de Pâques*. Ouvert, généreux, juste.

Patrice : *noble*. Ingénieux, éveillé, subtil mais brouillon.

Paul : *le petit*. Fidèle aux amis, indépendant.

Philibert : *brillant*. Bon, franc, fataliste, va droit devant.

Philippe : *aime les chevaux*. Brillant mais singulier, original.

Philomène : *aimable*. Très douce, mélancolique mais naïve.

Pierre : *sens évident*. Méthodique, un peu tranchant.

Placide : *le mythe*. Affronte la vie sereinement.

Porphyre : *de pourpre*. Il sait se faire apprécier.

Prosper : *le riche*. Généreux, peut-être un peu prodigue.

Prudent : *le prudent*. Ordonné, méthodique, précis.

Q

Quentin : *le cinquième*. Doux et débonnaire.

R

Rachel : *brebis*. Personnage original mais attachant.

Rainier : *le « condottiere »*. Ami sûr et affectueux.

Raoul : *loup alerte*. Modeste, un peu indolent, mais intelligent.

Raphaël : *Dieu guérit*. Il a pour fortune la sincérité.

Raymond : *le sage protec-

teur. Tenace, sûr de lui.

Rebecca : *le filet*. Souriante, digne de confiance, optimiste.

Régine : gaie, tendre, nature loyale.

Rémi : *le guérisseur*. Caractère doux, un peu fermé.

René : *né deux fois*. Lucide, débrouillard, très calme.

Richard : *le puissant*. Il ne tolère pas l'injustice.

Robert : *glorieux*. Beaucoup d'agitation sous des dehors froids.

Rodolphe : *le loup sage*. Parole facile, bon conseiller.

Rodrigue : *pétri de gloire*. Nature indépendante, énergique.

Roger : *lance victorieuse*. Ami loyal, chevaleresque.

Roland : *le sauveur*. Vaillant, ardent et fier.

Romain : *de Rome*. Énergique, discipliné, amoureux de l'ordre.

Roméo : *le pèlerin*. Aime l'aventure et la nouveauté.

Romuald : *roi glorieux*. Manières raffinées, beau parleur.

Ronald : *l'intelligent*. Astucieux, parfois fanfaron.

Rosalie : *rose et lis*. Serviable, jamais embarrassée.

Rose : *sens évident*. Caractère doux, vive intelligence.

S

Sabin : *de Sabine*. Déteste demeurer les mains croisées.

Salomon : *le pacifique*. Très ingénieux et pratique.

Samuel : *Dieu écoute*. N'aime pas montrer ses sentiments.

Sarah : *princesse*. Sens profond du devoir.

Sauveur : *sens évident*. Travailleur infatigable, excellent ami.

Sébastien : *l'honoré*. Calme, équilibré, idées claires.

Séraphin : saisit au vol le sens profond des choses.

Serge : *le serf*. Ingénieux, recherche le raffinement.

Séverin : *nouvelle demeure*. Il a le sens de l'élégance.

Sidonie : *de Sidon*. Modeste, effacée, mais très serviable.

Siegfried : *la paix victorieuse*. Préfère la lutte.

Sigismond : *la victoire protège*. Riche de bon sens.

Simon : *qui accomplit*. Ami fidèle et sûr.

Solange : *ange unique*. Méthodique, persévérante, patiente.

Sophie : *celle qui sait*. Sensible, malicieuse, charme sûr.

Stanislas : *gloire de l'État*. Nature pratique et positive.

Stéphane : *couronne*. Original, curieux de tous et de tout.

Suzanne : *fleurs de lis*. Affectueuse, sait être une bonne amie.

Sylvestre : *qui aime les bois*. Intelligence lente, réfléchie, sûre.

T

Thémistocle : *qui mérite la gloire*. Un chef de grande classe.

Théodore : *présent de Dieu*. Aime à faire le bien.

Théophile : *serviteur de Dieu*. Simple, bon, un peu naïf.

Thérence : *le gardien*. L'art est sa grande passion.

Thérèse : *la chasseresse*. Sensible, affectueuse, vie paisible.

Thierry : *chef puissant*. Vie mouvementée mais sait rester optimiste.

Thomas : *le jumeau*. Aime l'analyse et la subtilité.

Tony : *l'honorable*. De l'imagination, du goût, de la pondération.

Tristan : *triste*. Mélancolie mais finesse et distinction.

U

Ulrich : *le riche*. Tempérament rêveur mais sensé.

Ulysse : *l'irascible*. Esprit aventureux, aime le changement.

Urbain : *le courtois*. N'aime pas l'imprévu.

Ursule : *petite ourse*. Indépendante, adroite et débrouillarde.

V

Valentin : *le sain*. Résolu, n'aime pas les compromis.

Valère : *le valeureux*. Dédaigne les mesquineries, sec quelquefois.

Véra : *la foi*. Un peu inconstante mais très courageuse.

Véronique : *la victorieuse*. Réservée mais volontaire.

Victor : *sens évident : Vic-*

toire. Sait se faire valoir.

Vincent : *le vainqueur.* Ingénieux, stable et sachant organiser.

Violette : *la fleur.* Gentille, aimable, primesautière, fine.

Virgile : *le verdoyant.* Aime l'étude et la poésie.

Viviane : *vivant.* Peu portée à l'effort, sait se faire obéir.

Vladimir : *roi célèbre.* Rapidité et facilité d'adaptation.

W

William : *fait volontiers la paix.* Ferme, froid, concentré.

X

Xavier : *brillant.* Doué et grand appétit de savoir.

Y

Yolande : *aimée.* Sensible mais peu énergique. Aime être protégée.

Yves : *actif.* Un peu bourru, peu exubérant mais volontaire.

Z

Zacharie : *servante de Dieu.* Ne se laisse pas abattre facilement.

Zaïre : *la fleurie.* Gracieuse, sait attirer les sympathies.

Zénobie : *ma force de Dieu.* Sens de l'honneur très vif.

Zéphyrin : *apporte la vie.* Calme, serein, un peu fataliste.

Zita : *vivante.* Douceur, bonté vraie, dévouement.

Zoé : *la vie.* A la passion de la recherche et de l'étude.

TABLE DES MATIÈRES

CASTOR TOTEM	12
LA GRILLE SECRÈTE	13
DIPLOMATIE SCOLAIRE	13
UN SAC DE NŒUDS	14
DE L'OR ? DE L'OR !	16
NE PERDEZ PAS LA PISTE !	16
DE L'ORDRE EN PLEIN AIR !	18
JE SIFFLE... TU SIFFLES...	19
CASTORS A L'ÉCOUTE	20
SAVONNAGE EN DOUCEUR	21
FRUITS A PROBLÈMES !	22
COMPTES A LA PICSOU	22
ÉCHELLES EN TOUS GENRES	23
A LA MANIÈRE D'ŒIL DE LYNX	24
PIÈGES MARINS	25
LES FAMILLES DU CIEL	26
A CHACUN SON FEU	28
QUAND LE SOLEIL DISPARAIT	28
SANS TACHES ET SANS REPROCHES	30
LIGNE PRIVÉE	32
ÉCRIVEZ... SANS ÉCRIRE !	33
L'UNION FAIT L'ENVELOPPE	33
NE SOYEZ PLUS « A PLAT »	34
LIRE L'HEURE AU PIQUET	36
HALTE AUX MOUSTIQUES !	36
LE LANGAGE DES ANIMAUX	37
A BON FIL BON CHAS	37
FAHRENHEIT ET CENTIGRADES	38
COMMENT CONSTRUIRE UN ARC ?	38
TÉLÉGRAPHE A BRAS	39
LE ROUGE ET LE BLEU	42
A TOUS LES VENTS	42
LES FLEURS QUI PARLENT	44
GARDEZ LEURS TRACES	44
QUAND LA FAMILLE DÉMÉNAGE...	46
LES DEGRÉS DE L'ESCALADE	47
LA RONDE DES HEURES	47
ATTENTION, ÇA TOURNE !	50
LA VALSE DES ÉTIQUETTES	51
ENVELOPPES AU RABAIS	51
PRUDENCE !	52
UN TOIT POUR TOUS	53
CUISINE AUX CHAMPS	55
FABRIQUEZ VOTRE CERF-VOLANT	56

S.O.S. ANIMAL BLESSÉ !	59
L'HORLOGE DES FLEURS	60
LE CYCLE DE L'EAU	62
LA VITESSE DES RIVIÈRES	63
ARBROPHILIE	64
ATTENTION AU DÉPART	66
TOUS DEVINS !	
« COMMENT DEVINER UN NOMBRE PENSÉ PAR UN AMI »	67
COMMENT DEVINER L'AGE DE L'ONCLE THÉOPHILE	68
UNE PETITE ASTUCE	70
CHAMPIONS DE SAUT	70
CHAMPIONS DE VITESSE	70
CHAMPIONS DE VOL	71
LA TOILETTE DU ROSIER	71
COCKTAIL DE MINI-SANDWICHES	72
LES JOIES DE L'AUTOMOBILE	73
LE JEU DES ROIS	75
CHIFFRES FANTAISISTES EN SÉRIE	76
SEL AU SOLEIL	76
PiiiiSTE !	77
VOCABULAIRE HUGH	78
LE MEILLEUR MOYEN DE FAIRE DURER	
LES FLEURS COUPÉES	82
LEVONS L'ANCRE	83
LA SANTÉ A TABLE	84
BESOINS JOURNALIERS EN CALORIES SELON L'ÂGE	85
TABLEAU SYNOPTIQUE DES VITAMINES	86
VALEUR CALORIFIQUE POUR CENT GRAMMES D'ALIMENT	87
DANS TOUTES LES LANGUES	88
LA DANSE DU SERPENT	96
DIS-MOI COMMENT TU DORS...	98
ANNEAUX AUX CHEVILLES	100
QUE MANGENT LES ANIMAUX ?	100
CASTORS JUDO	104
TIMBRES ASTRONOMIQUES !	105
LE CRISTAL CHANTE	107
SACHEZ « HABILLER » VOS LIVRES	108
MICKEY A TRAVERS LE MONDE	109
LA MER ET SA FORCE...	110
NE PERDONS PAS LE NORD !	111
SIPHONNONS !	112
PLOUF ! BOF... GLOUB ! GRRR ?	112
TIR AU VOL	114
PRUDENCE MÈRE DE SÛRETÉ	116

LA TROUSSE À OUTILS DU CRUCIVERBISTE	117
LE SECRET DES GRILLES	117
LE BON PAS	118
GARE AUX OURSINS	119
LA DISTANCE... A DISTANCE	120
DÉBOUCHEZ SANS DOULEUR !	121
LE COQUIBOUQUET	122
OISEAUX, ŒUFS ET... OMELETTES	123
TRÉSORS DANS LES ROCHERS	126
DES MÛRES BIEN MÛRES	127
SOYEZ LETTRÉ !	128
UNE CASSEROLE EN PAPIER...	131
PLANTONS LA TENTE	131
TROUVEZ LA MESURE !	134
PEINTURE SUR ŒUFS	136
LE CALENDRIER PERPÉTUEL	137
BLASONS DES TEMPS PASSÉS	140
CASTORS JUNIORS... A VOS CRAYONS !	142
GARDE A VOUS !	142
UN COLLIER-MINUTE	144
COCO APPREND A PARLER	145
LE SIAM : UN JEU TIRÉ DES OUBLIETTES	146
UNE BIBLIOTHÈQUE A VOUS !	148
LE CODE SECRET DES DADA OURKA	150
BIENVENUE AU POISSON ROUGE	152
UN « TRUC » POUR SE DÉLASSER	153
RIEN NE SE PERD	154
SUR LE TERRAIN... CARTE EN MAIN	155
UNE CHUTE... ARTISTIQUE	158
SIROP A GOGO	159
LE CALENDRIER A DISQUES	160
LA SYMPHONIE DES ARCS	162
EAU FRAÎCHE SUR COMMANDE	162
ATTENTION, JE FREINE !	163
LE LONG SOMMEIL…	164
BOUGIES PERSONNALISÉES	165
GERMINATION ÉCLAIR	165
BRUNIR SANS BRÛLURE	166
NE TIREZ PAS LA QUEUE DU CHAT !	167
LA MONTRE SE FAIT BOUSSOLE...	168
ÉCUMEURS DES MERS	170
LES CORSAIRES	170
LES PIRATES	171
LES FLIBUSTIERS	171
ARMES ET NAVIRES	174
CASTORS JUNIORS... A VOS CRAYONS !	174
CASTOR, NOUNOU D'UN SOIR !	175

RESPECTEZ LA SIGNALISATION !	176
PLUTO CHEZ LES CASTORS	178
PLUIE OU SOLEIL ?	182
TOUS DEBOUT !	184
SI VOUS ALLEZ A LA MONTAGNE...	184
GARE AUX PIQÛRES	186
RESTEZ SOUS LE VENT !	187
CES MESSIEURS SONT SERVIS !	189
VOULEZ-VOUS DEVENIR CHANTEUR ?	190
« « CLOWN ?	190
« « GÉOLOGUE ?	190
« « AVIATEUR ?	192
« « FOOTBALLEUR ?	192
« « SYMPATHIQUE ?	192
« « ASTRONAUTE ?	194
« « ACTEUR ?	194
« « JOURNALISTE ?	194
CE QUI EST INTERDIT	196
APPRENDRE A EXPLORER...	196
COMMENT GRIMPER A UN ARBRE	198
J'AI UN CORBEAU POUR AMI	199
LE CARAMEL « CASTOR JUNIOR »	201
UNE BONNE RECETTE CASTOR	202
SUGGESTIONS ANTIHOQUET	204
PRÉPARONS LA VALISE !	205
UN LIVRE A LA BROCHE !	207
FLEURS CUITES A POINT	208
LORSQUE L'ESTOMAC CHAVIRE...	209
DIRECTION : MER DES SARGASSES !	210
VOTRE PONCHO	211
APPRENEZ A BRAVER L'ORAGE	212
SELON CE QUE SERA VOTRE ANIMAL FAVORI...	214
A QUELLE ALLURE MARCHEZ-VOUS ?	221
DES MINI-MESURES QUI VOUS SERVIRONT TOUJOURS	222
NEZ A NEZ AVEC UN SERPENT !	223
COMMENT S'ORIENTER SUR UN PLAN DE VILLE ?	224
NE METTEZ PAS UN CHIEN DANS VOTRE MOTEUR !	225
COMMENT AVOIR DES IDÉES ET LES CONSERVER	226
LES TRIBUS INDIENNES	227
COMMENT ALLUMER... ET ÉTEINDRE UN FEU	230
A QUI ÉCRIRE ?	232
CHERCHEZ... A NE PAS CHERCHER !	233
NE FONCEZ PAS DANS LE BROUILLARD !	234
UN AMI EN DIFFICULTÉ...	235
LES GRAINS DE BEAUTÉ PARLENT !	236
LE SENS SECRET DE VOTRE PRÉNOM	237

Les activités proposées dans ce manuel doivent être supervisées par un adulte. En aucun cas l'éditeur ne pourra être tenu responsable des dommages de toute nature, directs ou indirects, qui résulteraient de l'utilisation de cet ouvrage.

Édition originale
© 1970, Walt Disney Productions.

Présente édition
© 2012, Disney Enterprises, Inc.
© 2012, HACHETTE LIVRE (Hachette Pratique), Paris

Dépôt légal : juin 2012
23-01-8453-01-5
ISBN 978-2-01-238453-8
Achevé d'imprimer en Chine par Leo Paper